TRAINING

Latein – Übersetzung

Maria Krichbaumer

STARK

Autorenportrait:
Maria Krichbaumer ist Lehrerin für Latein und katholische Religionslehre an einem Gymnasium in München. Durch ihre Arbeit als Seminarlehrerin für Latein und in der Lehrerfortbildung hat sie viel praxisnahe Lehrerfahrung sowie einen guten Einblick in die aktuellen Unterrichtsmethoden und Aufgabenformen. Als Mutter zweier Kinder sieht sie beide Seiten – sowohl die des Lehrers als auch des Schülers. Sie veröffentlichte im STARK Verlag bereits zahlreiche Bücher, u. a. Kompaktwissen Latein – Kurzgrammatik

Bildnachweis
Umschlagbild: Flucht des Äneas aus Troja: © akg-images/Mondadori Portfolio/2004/MondadoriPortfolio
S. 1: Tarpeia und die Sabiner: © INTERFOTO/Mary Evans
S. 15: König Midas: © INTERFOTO/Mary Evans/EDWIN WALLACE
S. 31: Flucht aus dem brennenden Troja: © INTERFOTO/Mary Evans
S. 47: Cena Trimalchionis: © INTERFOTO/Mary Evans
S. 63: Der Cheruskerfürst Arminius: © INTERFOTO/Historisches Auge Ralf Feltz
S. 82: Seneca: © INTERFOTO/PHOTOAISA
S. 97: Cicero: © INTERFOTO/Granger, NYC
S. 113: Verschwörung des Catilina: © INTERFOTO/Mary Evans

© 2017 Stark Verlag GmbH
www.stark-verlag.de

Das Werk und alle seine Bestandteile sind urheberrechtlich geschützt. Jede vollständige oder teilweise Vervielfältigung, Verbreitung und Veröffentlichung bedarf der ausdrücklichen Genehmigung des Verlages. Dies gilt insbesondere für Vervielfältigungen, Mikroverfilmungen sowie die Speicherung und Verarbeitung in elektronischen Systemen.

Inhalt

Vorwort
Legende

Livius ... 1
Text 1: Die Verräterin Tarpeia ... 2
   Im Fokus: Gerundium – Gerundiv(um) ▶ ... 3
Text 2: Die Rede des Perseus ... 9
   Im Fokus: Irrealis ... 10
Text 3: Das tragische Schicksal Theoxenas ... 11
   Im Fokus: AcI ▶ ... 12

Ovid ... 15
Text 4: Verdorbene Jagd ... 16
   Im Fokus: Abhängige (indirekte) Fragesätze ▶ ... 17
Text 5: Wer nie genug hat, ist immer arm ... 24
   Im Fokus: Participium coniunctum ▶ ... 25
Text 6: Frauen zu beauftragen nützt nichts! ... 27
   Im Fokus: Lateinische Metrik ▶ ... 28

Vergil ... 31
Text 7: Landung in Karthago ... 32
   Im Fokus: Kasuslehre: Ablativ ... 33
Text 8: Rede der Venus vor Neptun ... 40
   Im Fokus: Lateinische Metrik ▶ ... 41
Text 9: Der Steuermann Palinurus ... 43
   Im Fokus: *cum*-Sätze ... 44

Petron ... 47
Text 10: Die Erbschleicher von Kroton ... 48
   Im Fokus: Komparation von Adjektiven ... 49
Text 11a–d: Gaunergeschichten ... 56
   Im Fokus: Adverbien ... 57

Tacitus 63

Text 12: Arminius – Rebell gegen Rom 64
    Im Fokus: Ablativus absolutus ▶ 65

Text 13: Das Vierkaiserjahr – Otho und Vitellius 73
    Im Fokus: Konjunktive im Hauptsatz ▶ 74

Text 14: Ein Komet am Himmel 77
    Im Fokus: Deponentien 78

Seneca 81

Text 15: Und jedem Anfang wohnt ein Zauber inne – auch dem der Freundschaft 82
    Im Fokus: Consecutio temporum 83

Text 16: Wie wird man weise? 89
    Im Fokus: AcI ▶ 89

Text 17: Herrsche maßvoll! 92
    Im Fokus: Gerundium – Gerundiv(um) ▶ 93

Cicero 97

Text 18: Lust und Schmerz nach Epikur 98
    Im Fokus: Oratio obliqua 98

Text 19: Schrittweise Erkenntnis des eigenen Wesens 106
    Im Fokus: Abhängige (indirekte) Fragesätze ▶ 106

Text 20: Die Macht der Vernunft 109
    Im Fokus: Potentialis/Modusattraktion 110

Sallust 113

Text 21: Eine Charakteristik Sullas 114
    Im Fokus: Ablativus qualitatis/Genitivus qualitatis 115

Text 22: Catos Rede vor dem Senat 120
    Im Fokus: Konditionalsätze 120

Text 23: Jugurtha und Bocchus gegen Rom 123
    Im Fokus: Temporalsätze 123

Lösungen 127

Vorwort

Liebe Schülerin, lieber Schüler,

der Band „Latein – Übersetzung" unterstützt Sie bei der gezielten Vorbereitung auf Klausuren in der Oberstufe. Er umfasst ausgewählte Texte zu den Schwerpunktautoren *Livius*, *Ovid*, *Vergil*, *Petron*, *Tacitus*, *Seneca*, *Cicero* und *Sallust*.

- Jedes Kapitel widmet sich einem Autor mit jeweils drei charakteristischen Texten. Der erste Text bietet Ihnen immer direkt im Anschluss eine **geführte Übersetzung** mit entsprechenden Hilfen und Erklärungen.
- Zu allen weiteren Texten eines Kapitels finden Sie die **Lösungsvorschläge** sowie die geführten Lösungen am Ende des Bandes.
- Um die Erklärungen zu den geführten Übersetzungen nachzuvollziehen, steht Ihnen eine **Legende** zur Verfügung, die Ihnen die einzelnen Symbole erläutert.
- **Vokabelhilfen** und **Aufgaben** zur Erschließung des Textes sind zu jedem lateinischen Text enthalten. Die Aufgaben helfen Ihnen, vor der Übersetzung die Struktur des Textes zu erfassen.
- **Im Fokus:** Zu jedem lateinischen Text wird ein grammatikalisches Thema hervorgehoben und ausführlich erklärt. Somit haben Sie die Möglichkeit, zentrale Elemente der lateinischen Grammatik zu wiederholen und zu vertiefen.
- Zu einigen grammatischen Strukturen, mit denen erfahrungsgemäß viele Schüler Schwierigkeiten haben, gibt es zusätzlich **Lernvideos**.

 Im Hinblick auf eine eventuelle Begrenzung des Datenvolumens wird empfohlen, dass Sie sich beim Ansehen der Videos im WLAN befinden. Haben Sie keine Möglichkeit, den QR-Code zu scannen, finden Sie die Lernvideos auch gesammelt unter: http://qrcode.stark-verlag.de/94609V

Viel Erfolg bei der Arbeit mit diesem Buch!

Maria Krichbaumer
Maria Krichbaumer

Legende

Innerhalb der „geführten Übersetzungen" helfen Ihnen Auszeichnungen bei der Übersetzung. Wenn Sie an einer Stelle des lateinischen Textes Schwierigkeiten haben, schauen Sie sich die Hinweise als Hilfestellung an. Im Folgenden wird an Beispielen erklärt, was sie im Einzelnen bedeuten:

Novissimum ab Sabinis bellum ortum …	Wörter, die sich **aufeinander beziehen**, jedoch nicht nebeneinanderstehen, sind **farbig unterstrichen**.
Ac ne ipse quidem sine (aliquo motu) hominem conspexi …	Nebeneinanderstehende Wörter, die sich **aufeinander beziehen**, werden mit **farbigen Klammern** gekennzeichnet.
Sp. Tarpeius Romanae praeerat arci.	**Verben** werden mit einer farbigen Hinterlegung hervorgehoben, die eine grammatikalische oder inhaltliche Besonderheit aufweisen.
…et nos metu criminis non veniremus	**Substantive** mit einer Besonderheit werden mit einer farbigen Hinterlegung hervorgehoben.
Nihil praeter deos, pater, et te colui.	**Präpositionen** oder **Adjektive** sind dunkelgrau hinterlegt; mit einem **farbigen Pfeil** wird auf das abhängige Wort verwiesen.
Postquam regis edictum de comprehendendis liberis eorum …	Es handelt sich bei hellgrauen Markierungen um **nd-Formen** (Gerundium/ Gerundiv).
Sed (cum) Ascyltos timeret …	**Subjunktion** werden durch einen **farbigen Kreis** hervorgehoben, die einen besonderen Modus bzw. Tempus nach sich ziehen.
ille mihi esse, qui tunicam in solitudine invenerat.	**Relativpronomina** und dazugehörige Bezugswörter werden mit einer **farbigen Verbindung** gekennzeichnet bzw. die Abhängigkeit eines **Substantivs** von einem weiteren Substantiv.
venturum esse (te) speras	Es wird eine **AcI-Konstruktion** gekennzeichnet: der Akkusativ, der zum Subjekt wird, ist **umkreist**, der Infinitiv, der zum Prädikat wird, ist **gestrichelte unterstrichen**.
Cui vix attollens Palinurus lumina fatur	Es liegt ein **PC** oder **Abl. abs.** vor. Partizip und Bezugswort werden mit **farbigen Pfeilen** gekennzeichnet.
Quem ubi cunctari accepit …	**Farbig eingerahmt** sind Wörter, die andere, bisher nicht aufgelistete, Hinweise für die Übersetzung liefern.

Livius

Text 1: Die Verräterin Tarpeia

Die Vestalin Tarpeia war nach der römischen Sage die Tochter des Spurius Tarpeius, des Kommandanten des Kapitols in Rom. Sie ermöglichte den Sabinern, als diese unter Titus Tatius Rom angriffen, den Zugang zum Kapitol. Dafür sollte sie das bekommen, was die Sabiner am linken Arm trugen.

Novissimum ab Sabinis bellum ortum multoque id maximum fuit; nihil enim per iram aut cupiditatem actum est, nec ostenderunt bellum prius quam intulerunt. Consilio etiam additus dolus. Sp. Tarpeius Romanae praeerat arci. Huius filiam virginem auro corrumpit Tatius, ut armatos in arcem accipiat;
5 aquam forte ea tum sacris extra moenia petitum ierat. Accepti obrutam armis necavere, seu ut vi capta potius arx videretur seu prodendi exempli causa, ne quid usquam fidum proditori esset. Additur fabula, quod volgo Sabini aureas armillas magni ponderis brachio laevo gemmatosque magna specie anulos habuerint, pepigisse eam, quod in sinistris manibus haberent; eo scuta illi pro
10 aureis donis congesta. Sunt, qui eam ex pacto tradendi, quod in sinistris manibus esset, derecto arma petisse dicant et sua ipsam peremptam mercede.

Liv. 1, 1 (mit Auslassung) 123 lat. Wörter

2 ostendere: *hier:* erklären
5 aquam … petitum ierat: *übersetzen Sie:* ierat, ut aquam peteret
   sacra, -orum: *hier:* Opferhandlungen; *(Dativ des Zweckes)*
   accipere: *hier:* einlassen
   arma, -orum: *hier:* Schilde
7 volgo = vulgo
10 ex: *hier:* aufgrund

Im Fokus
Gerundium – Gerundiv(um)

Gerundium

Das Gerundium ist ein **Verbalsubstantiv**, das einen sich vollziehenden **Vorgang** beschreibt.
Beispiel: *ars legendi* – die Kunst des Lesens
Es kann im Deutschen folgendermaßen wiedergegeben werden:

- durch den **substantivierten Infinitiv**
  Beispiel: *ars pingendi* – die Kunst des Malens

- durch den **Infinitiv mit „zu"**
  Beispiel: *occasio fugiendi* – die Gelegenheit zu fliehen

- durch ein **Substantiv** (oft ein Verbalsubstantiv auf -ung)
  Beispiel: *facultas rem perficiendi* – die Möglichkeit der Durchführung der Sache

Gerundiv(um)

Das Gerundiv ist ein **Verbaladjektiv** mit **passiver Bedeutung**. Es kann einen sich vollziehenden Vorgang, eine Notwendigkeit oder den Zweck einer Handlung bezeichnen.
Beispiel: *in conservanda re publica* – beim Bewahren des Staates

Bei **attributiver Verwendung** bezeichnet das Gerundiv einen sich vollziehenden Vorgang und ist damit gleichbedeutend mit dem Gerundium.
Beispiel: Gerundiv: *consilium Italiae relinquendae* – der Plan, Italien zu verlassen
           = Gerundium: *consilium Italiam relinquendi*

Das attributiv verwendete Gerundiv kann wie das Gerundium wiedergegeben werden:

- In Verbindung mit *esse* bezeichnet das Gerundiv eine **Notwendigkeit**. Es wird dabei gebraucht wie ein **Prädikatsnomen**.
  Beispiel: *Epistula scribenda est.* – Der Brief muss geschrieben werden.

- Die **Person**, von der etwas getan werden muss bzw. nicht getan werden darf, steht im **Dativus auctoris** und kann mit „von" wiedergegeben werden. Schöner ist die **Umformung ins Aktiv**.
  Beispiel: *Epistula tibi scribenda est.* – Von dir muss ein Brief geschrieben werden.
           (schöner: Du musst einen Brief schreiben.)

- Bei unpersönlichem Gebrauch des Gerundivs:
  Beispiel: *Veniendum est.* – Man muss kommen.
           Veniendum non est. – Man darf nicht kommen.

Livius: Geführte Übersetzung

Aufgaben

a Prüfen Sie, an welchen Stellen im Text eine Form von *esse* hinzugefügt werden muss. Ergänzen Sie anschließend diese Formen von *esse*.

_____

_____

b Benennen Sie die an folgenden Stellen vorliegenden Konstruktionen genau. Übersetzen Sie diese mit zwei unterschiedlichen Möglichkeiten.

prodendi exempli causa (Z. 6): _____

_____

ex pacto tradendi (Z. 10): _____

_____

c Bestimmen Sie folgende Formen und klären Sie, worauf diese sich jeweils beziehen.

accepti (Z. 5): _____

_____

obrutam (Z. 5): _____

_____

d Geben Sie die vollständigen Verbformen zu folgenden Kurzformen an.

necavere (Z. 6): _____

petisse (Z. 11): _____

e Nennen Sie die Formen folgender lateinischen Wörter, unter denen Sie im Wörterbuch nachschlagen müssen.

intulerunt (Z. 3): _____

arci (Z. 3): _____

manibus (Z. 9): _____

f Klären Sie – auch mithilfe Ihres Wörterbuches – die treffendste Bedeutung von folgenden Wörtern:

maximum (Z. 1): _____

consilium (vgl. Z. 3): _____

g Bestimmen Sie die Wortart von *virgo* (vgl. Z. 4) an der vorliegenden Stelle (die Verbindung mit *filia(m)* gibt hierbei den entscheidenden Hinweis).

_____

_____

h Übersetzen Sie den Text in angemessenes Deutsch.

Geführte Lösung

a Z. 1: *ortum* → *est*
Z. 3: *additus* → *est*
Z. 6: *capta* → *esse*
Z. 10: *congesta* → *sunt* (Möglich wäre auch *esse*, falls man eine von *additur fabula* abhängige kurze Passage in indirekter Rede annimmt.)

> **!** Bei Livius kann häufig eine Ellipse von *esse* (Infinitiv oder finite Formen) beobachtet werden. Diese Formen von *esse* müssen gedanklich ergänzt werden.

b *prodendi exempli causa*: attributives Gerundiv
→ um ein Exempel zu statuieren
→ wegen des Statuierens eines Exempels
ex pacto tradendi: Gerundium
→ aufgrund der Abmachung, (das) zu übergeben
→ gemäß der Abmachung des Übergebens

> *Exempli* und *prodendi* stimmen in KNG überein.
>
> *tradendi*: Gerundium im Genitiv, abhängig von *pacto*

c *accepti*: PPP von *accipere*, Nom. Pl. m.
Bezugswort: Sabiner
obrutam: PPP von *obruere*, Akk. Sg. f.
Bezugswort: *filiam* (Z. 4)

> Das jeweilige Bezugswort zu den Partizipien lässt sich anhand der KNG-Kongruenz ermitteln.

d *necavere* → *necaverunt*
petisse → *petivisse*

> Zu den sprachlichen Besonderheiten bei Livius zählen Elemente aus der Dichtersprache wie Kurzformen: *-ere* statt *-erunt*.

e *intulerunt* → *infero*
arci → *arx*
manibus → *manus*

> Verbformen findet man im Wörterbuch oft in der 1. P. Sg. Präsens, Substantive im Nominativ.

f Hier bedeutet *maximum* „am bedeutendsten", „am schwersten", *consilium* „planmäßiges Vorgehen".

g *Virgo* ist an dieser Stelle adjektivisch gebraucht und daher mit „jung(fräulich), jugendlich" zu übersetzen.

h Novissimum ab Sabinis bellum ortum multoque

id maximum fuit; nihil enim per (iram aut cupiditatem) actum est, nec ostenderunt bellum prius quam intulerunt.
Consilio etiam additus dolus. Sp. Tarpeius Romanae praeerat arci. Huius (filiam virginem) auro corrumpit Tatius, ut armatos in arcem accipiat; aquam forte ea tum sacris extra moenia petitum ierat.

novissimum: Prädikativum; Superlativ
Ergänzen Sie *est* zu *ortum*.
multo beim Superlativ: bei Weitem

Per ist hier kausal aufzufassen.

Ergänzen Sie *est* zu *additus*.
Praeesse steht mit Dativ.
Romanae bezieht sich auf *arci*.
Beachten Sie, dass *ut* hier mit Konjunktiv steht.
petitum: eine sogenannte Supin-Form: eine den Formen der u-Deklination angeglichene Form des Verbs; übersetzt wird sie mithilfe der Präposition „zu" oder mit „um … zu"

Accepti obrutam armis necavere, seu ut vi capta

accepti: PPP (Bezugswort: Sabiner)
obrutam: PPP (Bezugswort: sinngemäß Tarpeia)
necavere = *necaverunt*
Beachten Sie, dass *ut* hier mit Konjunktiv steht.
armis und *vi*: Abl. instrumentalis
Ergänzen Sie *esse* nach *capta*.

potius arx videretur seu prodendi exempli causa,

Causa (nachgestellt) steht mit Genitiv.
prodendi exempli: Gerundivwendung

ne quid usquam fidum proditori esset.

Nach *ne* fällt *ali-* weg: *quid* = *aliquid*
fidum: Gen. partitivus, bezogen auf *quid*

Additur fabula, quod volgo Sabini (aureas armillas) magni ponderis (brachio laevo) gemmatosque magna specie anulos habuerint,

Von *Additur fabula* ist *pepigisse eam* abhängig.
quod ... habuerint: Kausalsatz
magni ponderis = Gen. qualitatis zu *aureas armillas*
magna specie: Abl. qualitatis zu *gemmatos anulos*

pepigisse eam quod (in sinistris manibus) haberent;

quod ... haberent: Relativsatz
Ergänzen Sie *id* vor *quod* als Akkusativobjekt zu *pepigisse*.

eo scuta illi pro (aureis donis) congesta.

Ergänzen Sie *sunt* zu *congesta*.
illi: Dativ (gemeint: Tarpeia)

Sunt, qui eam ex pacto tradendi, quod (in sinistris manibus) esset, derecto arma petisse dicant et sua ipsam peremptam mercede.

Sunt, qui ...: Relativsatz mit konsekutivem Nebensinn
Ergänzen Sie *id* zu *tradendi*.
Von *dicant* ist ein AcI abhängig mit *eam* und *ipsam* als Akkusativen und *petisse* und *peremptam* (*esse*) als Infinitiven.
petisse = *petivisse*

Übersetzung:
Als letzter entstand der Krieg (*ergänzen Sie:* vonseiten) der Sabiner und dieser war bei Weitem der schwerste; nichts nämlich wurde aus Zorn oder Leidenschaft unternommen und sie erklärten den Krieg auch nicht früher, als sie ihn begannen. Dem planmäßigen Vorgehen wurde eine List hinzugefügt. Spurius Tarpeius hatte das Kommando über die römische Burg inne. Tatius bestach (*wörtlich – wie auch im Folgenden – historisches Präsens, also besticht etc.*) dessen jugendliche Tochter mit Gold, damit sie Bewaffnete in die Burg einließ (*wörtlich:* aufnahm); diese war nämlich da zufällig aus den Mauern herausgegangen, um Wasser für Opferhandlungen zu holen.

Als sie eingelassen worden waren, bedeckten sie sie mit ihren Schilden (*wörtlich:* wurde sie mit Schilden bedeckt) und töteten sie (*ergänzen Sie:* auf diese Weise), sei es, damit es so erschien, als sei die Burg eher mit Gewalt eingenommen worden, sei es, damit ein Exempel statuiert werde, dass für einen Verräter nichts mehr jemals sicher sei *(gemeint: dass sich ein Verräter auf nichts sicher verlassen könne)*. Damit verbunden ist die Sage, sie habe, weil die Sabiner allgemein am linken Arm schwere goldene Armreife (*wörtlich:* goldene Armreife von großem Gewicht) und sehr schöne mit Edelsteinen besetzte Ringe (*wörtlich:* mit Edelsteinen besetzte Ringe von großer Schönheit) trugen, gefordert, was sie an ihren linken Händen hätten; deshalb wurden anstelle von Geschenken aus Gold die Schilde auf sie gehäuft. Manche berichten auch (*wörtlich:* Es gibt auch welche, die sagen ...), dass sie aufgrund der Abmachung, (das) zu übergeben, was sie in ihren linken Händen hätten, ausdrücklich die Waffen verlangt habe und selbst durch ihren eigenen Lohn getötet worden sei.

Text 2: Die Rede des Perseus

Demetrios, ein Sohn des makedonischen Königs Philipp V., hatte sechs Jahre lang als Geisel in Rom gelebt, wo er sich sehr beliebt gemacht hatte. 184 v. Chr. wurde er erneut nach Rom entsandt, um seinen Vater gegen eine Anklage zu vertreten, was ihm auch gelang. Dabei wurde er vom Senat mit höchsten Ehren ausgezeichnet, der ihm sogar das Angebot unterbreitete, ihn – anstelle seines älteren Bruders Perseus – als nächsten makedonischen König anzuerkennen.
Dadurch zog Demetrios allerdings das Misstrauen seines Vaters und seines Bruders Perseus auf sich. Perseus klagte Demetrios schließlich des Mordversuches an sich an. Livius lässt Perseus eine lange Rede halten; aus dieser stellt der folgende Text einen Auszug dar:

„Nihil praeter deos, pater, et te colui. Non Romanos habeo, ad quos confugiam: perisse expetunt, quia tuis iniuriis doleo, quia tibi ademptas tot urbes, tot gentes, modo Thraciae maritimam oram, indignor. Nec me nec te incolumi Macedoniam suam futuram sperant. Si me scelus fratris, te senectus absumps-
5 erit, aut ne ea quidem exspectata fuerit, regem regnumque Macedoniae sua futura sciunt. Si quid extra Macedoniam tibi Romani reliquissent, mihi quoque id relictum crederem receptaculum. At in Macedonibus satis praesidii est. Vidisti hesterno die impetum militum in me. Quid illis defuit nisi ferrum? (…)
Quid de magna parte principum loquar, qui in Romanis spem omnem
10 dignitatis et fortunae posuerunt et in eo, qui omnia apud Romanos potest? Neque hercule istum mihi tantum, fratri maiori, sed prope est, ut tibi quoque ipsi, regi et patri, praeferant. Iste enim est, cuius beneficio poenam tibi senatus remisit, qui nunc te ab armis Romanis protegit, qui tuam senectutem obligatam et obnoxiam adulescentiae suae esse aequum censet. Pro isto
15 Romani stant, pro isto omnes urbes tuo imperio liberatae, pro isto Macedones, qui pace Romana gaudent. Mihi praeter te, pater, quid usquam aut spei aut praesidii est?"

Liv. 40, 10 (mit Auslassungen) 187 lat. Wörter

- 2 perisse expetunt: *ergänzen Sie sinngemäß:* me
- 3 indignari, indignor, indignatus sum (+ Akk. bzw. AcI): empört sein (über etw. bzw. dass)
- 5 exspectare: *hier:* abwarten
- 9 pars: *hier:* Zahl
- 11 tantum: *hier:* nur
  fratri maiori: Apposition zu mihi
- 14 obnoxius, -a, -um: schuldig, *hier freier:* abhängig von
- 15 stare pro: einstehen für

Im Fokus
Irrealis

Der **Irrealis** wird verwendet, wenn ein Sachverhalt als **nicht wirklich** dargestellt wird. Er wird folgendermaßen ausgedrückt:

Gegenwart:	Konj. Imperfekt	(*venirem*: ich käme)
Vergangenheit:	Konj. Plusquamperfekt	(*venissem*: ich wäre gekommen)

Die Verneinung ist ***non***.

Aufgaben

a   Klären Sie die Modusfunktion folgender Formen:

   confugiam (Z. 1): _____

   reliquissent (Z. 6): _____

   crederem (Z. 7): _____

   loquar (Z. 9): _____

b   Ergänzen Sie fehlende Formen von *esse*, wo diese entfallen sind.

   _____

c   Notieren Sie, unter welchen Formen folgende Wörter im Wörterbuch nachgeschlagen werden müssen. Ermitteln Sie die im Kontext passende Bedeutung.

   ademptas (Z. 2): _____

   hesterno (Z. 8): _____

   defuit (Z. 8): _____

d   Unterstreichen Sie folgende Wörter im Text und erschließen Sie die Kasusfunktion:

   iniuriis doleo (Z. 2): _____

   satis praesidii (Z. 7): _____

   spem omnem dignitatis et fortunae (Z. 9/10): _____

   cuius beneficio (Z. 12): _____

   tuo imperio liberatae (Z. 15): _____

   pace Romana gaudent (Z. 16): _____

e   Übersetzen Sie den Text in flüssiges Deutsch.

Text 3: Das tragische Schicksal Theoxenas

Infolge einer Zwangsvertreibung von Bewohnern wichtiger Seestädte, von denen Philipp V. von Makedonien befürchtete, sie könnten sich bei einem möglichen Angriff der Römer nicht loyal ihm gegenüber verhalten, kam es zum Aufruhr gegen ihn. 182 v. Chr. ließ er auch die Kinder all derer, die er hatte ermorden lassen, töten, um vor Racheakten sicher zu sein. Auch die Familie des hochgestellten Thessalers Herodicus war betroffen. Er selbst und seine Schwiegersöhne wurden getötet. Seine Töchter Theoxena und Archo blieben als Witwen mit jeweils einem kleinen Sohn zurück. Archo heiratete den angesehenen Poris und gebar ihm mehrere Kinder, starb aber, als diese noch klein waren.

Theoxena, ut in suis manibus liberi sororis educarentur, Poridi nupsit; et tamquam omnes ipsa enixa foret, suum sororisque filios in eadem habebat cura. Postquam regis edictum de comprehendendis liberis eorum, qui interfecti essent, accepit (…) ad rem atrocem animum adiecit ausaque est dicere se sua
5 manu potius omnes interfecturam, quam in potestatem Philippi venirent. Poris abominatus mentionem tam foedi facinoris Athenas deportaturum eos ad fidos hospites dixit, comitemque ipsum fugae futurum esse. Proficiscuntur ab Thessalonica (…).

Doch die Leute des Königs entdeckten ihre Flucht und setzten ihnen nach, als sie am nächsten Morgen zu Schiff von einer Zwischenstation aus aufbrechen wollten. Diese Männer sind auch im folgenden Nebensatz Subjekt:

Cum iam appropinquabant, Poris (…) manus ad caelum tendens deos, ut
10 ferrent opem, orabat. Ferox interim femina, ad multo ante praecogitatum revoluta facinus, venenum diluit ferrumque promit et posito in conspectu poculo strictisque gladiis „Mors", inquit, „una vindicta est.
Viae ad mortem hae sunt: Qua quemque animus fert, effugite superbiam regiam. Agite, iuvenes mei, primum, qui maiores estis, capite ferrum aut
15 haurite poculum, si segnior mors iuvat." Et hostes aderant et auctor mortis instabat. Alii alio leto absumpti semianimes e nave praecipitantur. Ipsa deinde virum comitem mortis complexa in mare sese deiecit. Nave vacua dominis regii potiti sunt.

Liv. 40, 4 (mit Auslassungen)   *172 lat. Wörter*

1   Poris, Poridis (m.): Poris
2   eniti, enitor, enixus sum: *hier:* gebären
    foret = esset

2   sororis: *ergänzen Sie:* filium
2/3 *Übersetzen Sie* habebat cura *freier.*
4   accipere: *ergänzen Sie:* eos
    adicere: *hier:* richten auf
6   abominari: verabscheuen, verwünschen
    Ergänzen Sie se vor Athenas.
11 revolvi *(pass.):* zurückkehren (zu)
    in conspectu ponere: ins Gesichtsfeld stellen
12 vindicta, -ae (f.): Rettung
16 absumere, absumo, absumpsi, absumptum: *hier:* wegraffen *(pass.:* umkommen, sterben)

Im Fokus
AcI (= Accusativus cum Infinitivo)

Der **AcI** hängt von einem übergeordneten Verb ab. Das **Subjekt** des AcI erscheint im **Akkusativ**, das **Prädikat** im **Infinitiv**.
Grundsätzlich können im AcI alle Infinitive vorkommen.

- Der **Infinitiv Präsens** gibt die **Gleichzeitigkeit** der AcI-Handlung zum Hauptverb an.
  Beispiel: *Servus nuntiat convivas appropinquare.* – Der Sklave meldet, dass die Gäste sich nähern.

- Der **Infinitiv Perfekt** gibt die **Vorzeitigkeit** der AcI-Handlung zum Hauptverb an.
  Beispiel: *Servus nuntiat convivas iam domo exisse.* – Der Sklave meldet, dass die Gäste schon aus dem Haus gegangen seien.

- Der **Infinitiv Futur** gibt die **Nachzeitigkeit** der AcI-Handlung zum Hauptverb an.
  Beispiel: *Servus nuntiat convivas brevi adventuros esse.* – Der Sklave meldet, dass die Gäste bald eintreffen werden.

Personal- und Possessivpronomina der 3. Person, die sich auf das **Subjekt** zum einleitenden Verb beziehen, werden **reflexiv**.
Beispiel: *Marcus narrat se sero advenisse.* – Markus erzählt, er sei spät angekommen.

Bezieht sich das Pronomen auf eine **dritte Person**, so steht das **Demonstrativpronomen**.
Beispiel: *Pater queritur eum sero advenisse.* – Der Vater beklagt, dass er (Markus!) spät angekommen sei.

Der AcI steht nach:

- **Verba dicendi** (Beispiel: *dicere, negare, tradere*)
- **Verba sentiendi** (Beispiel: *audire, animadvertere, sentire*)
- **Verba affectus** (Beispiel: *gaudere, dolere*)
- **unpersönlichen Verben** (Beispiel: *constat, oportet, necesse est*)

Aufgaben

a Der erste Teil des Textes enthält mehrere AcI-Konstruktionen. Markieren Sie jeweils das übergeordnete Verb und den AcI. Klären Sie, in welcher Zeitstufe der Infinitiv steht.

_____

_____

_____

b Finden Sie alle Partizipialkonstruktionen (Participium coniunctum, Ablativus absolutus) heraus und bestimmen Sie diese genau nach Art der Konstruktion und Zeitverhältnis zum umgebenden Satz.

_____

_____

_____

_____

c Suchen Sie alle nd-Formen heraus und bestimmen Sie diese genau.

_____

_____

d Erklären Sie den Kasus an folgenden Stellen:

Poridi (Z. 1): _____

qua (Z. 13): _____

nave (Z. 17): _____

e Ermitteln Sie den Irrläufer in den folgenden Reihen und begründen Sie Ihre Wahl.

- Theoxena (Z. 1) – cura (Z. 3) – femina (Z. 10) – ipsa (Z. 16)

_____

_____

- educarentur (Z. 1) – interfecti essent (Z. 3/4) – venirent (Z. 5) – ferrent (Z. 10) – praecipitantur (Z. 16)

_____

_____

f Erstellen Sie eine treffende Übersetzung.

Ovid

Text 4: Verdorbene Jagd

Der Dichter müsste sich freuen, denn seine Geliebte wird von ihrem Mann nicht allzu sorgsam bewacht. Doch ihm macht das Jagen nur Spaß, wenn er sich dadurch selbst in Gefahr begibt:

At tu, formosae nimium secure puellae,
    incipe iam prima claudere nocte forem.
Incipe, quis totiens furtim tua limina pulset,
    quaerere, quid latrent nocte silente canes,
5 quas ferat et referat sollers ancilla tabellas,
    cur totiens vacuo secubet ipsa toro.
Mordeat ista tuas aliquando cura medullas,
    daque locum nostris materiamque dolis. (…)
Iamque ego praemoneo: nisi tu servare puellam
10   incipis, incipiet desinere esse mea! (…)
Lentus es et pateris nulli patienda marito (…)
Scilicet infelix numquam prohibebor adire?
    Nox mihi sub nullo vindice semper erit?
Nil metuam? (…)
15   Nil facies, cur te iure perisse velim?
Quin alium, quem tanta iuvat patientia, quaeris?
    Me tibi rivalem si iuvat esse, veta!

Ov. am. 2, 19, V. 37–60 (mit Auslassungen)   103 lat. Wörter

1   Angesprochen ist der Mann.
4   silens, silentis: still, ruhig
7   aliquando: *hier:* endlich einmal
11   lentus, -a, -um: *hier:* träge

■ **Im Fokus**
■ **Abhängige (indirekte) Fragesätze**

Abhängige (**indirekte**) Fragen stehen nach Verben des Fragens, Sagens, Zweifelns und (Nicht-)Wissens. Ihr Modus ist der **Konjunktiv**.

- Abhängige **Wortfragen** werden durch ein Fragewort eingeleitet.
  Beispiel: *Narra mihi, quid heri egeris.* – Erzähl mir, was du gestern getan hast.

- Abhängige Satzfragen werden durch *-ne* oder *num* (ob) eingeleitet.
  Beispiel: *Dic mihi, num pater abierit.* – Sag mir, ob der Vater weggegangen ist.
  Dic mihi, paterne abierit. – Sag mir, ob der Vater weggegangen ist.

- Abhängige Doppelfragen enthalten meist zwei kombinierte **Fragepartikeln**:
  utrum … an   ⎫
  -ne … an   ⎬ ob – oder
  utrum … necne ⎫
  -ne … necne   ⎬ ob – oder nicht
  Beispiel: *Ex matre quaero, utrum amici Romae sint an ruri / necne.*
  Ich frage die Mutter, ob die Freunde in Rom sind oder auf dem Land / oder nicht.

Besonderheiten

- Nach Ausdrücken des **Nicht-Wissens** oder **Zweifelns** bedeutet *an*: ob nicht.
  incertum est, an   es ist unsicher, ob nicht
  dubitare, an   zweifeln, ob nicht
  Beispiel: *Incertum est, an aliquid mali fecerit.*
  Es ist unsicher, ob er nicht etwas Schlechtes getan hat.

- Nach verneinten Ausdrücken des Zweifelns bedeutet *quin*: dass.
  non dubitare, quin   nicht daran zweifeln, dass
  Beispiel: *Nemo dubitat, quin veritas bonum sit.*
  Niemand zweifelt daran, dass die Wahrheit ein Gut ist.

Aufgaben

a Ermitteln Sie zu folgenden Substantiven und Pronomina die jeweils darauf bezogenen Adjektive, Partizipien oder Pronomina. Achten Sie besonders auf vorliegende Hyperbata.

tu (V. 1): _____   *puellae* (V. 1): _____

nocte (V. 2): _____   *limina* (V. 3): _____

nocte (V. 4): _____   *ancilla* (V. 5): _____

tabellas (V. 5): _____   *toro* (V. 6): _____

cura (V. 7): _____   *medullas* (V. 7): _____

dolis (V. 8): _____   *marito* (V. 11): _____

vindice (V. 13): _____   *patientia* (V. 16): _____

b Nennen Sie alle Verbformen, die sich auf den Gatten der Geliebten im Text beziehen, und treffen Sie eine Gruppierung nach grammatikalischen Gesichtspunkten.

c Erklären Sie den Modus von *pulset* (V. 3), *latrent* (V. 4), *ferat* (V. 5), *referat* (V. 5) und *secubet* (V. 6).

d Suchen Sie die Verbformen heraus, mit denen der Dichter auf sich selbst Bezug nimmt.
Bestimmen Sie genau den Modus und seine Funktion bei *metuam* (V. 14).

e Bestimmen Sie die Form *secure* (V. 1) und erklären Sie den Kasus bei *puellae* (V. 1).

f Übersetzen Sie schrittweise den Ausdruck *pateris nulli patienda marito* (V. 11) und erklären Sie seine Bestandteile.

g Nennen Sie das bei *incipis, incipiet desinere esse mea* (V. 10) und *pateris nulli patienda marito* (V. 11) vorliegende Stilmittel.

_____

_____

h Verändern Sie die Wortstellung in den Teilsätzen *cur te iure perisse velim* (V. 15) und *Me tibi rivalem si iuvat esse* (V. 17) so, dass Sie diese leichter übersetzen können.

_____

_____

_____

i Suchen Sie aus dem Wörterbuch die im vorliegenden Zusammenhang passenden Bedeutungen folgender Formen heraus:

quid (V. 4): _____

sollers (V. 5): _____

tabella (vgl. V. 5): _____

quin (V. 16): _____

Begründen Sie Ihre Wahl. (Eine exakte Beantwortung dieser Frage ergibt sich erst beim Übersetzungsprozess.)

_____

_____

_____

j Erstellen Sie dann eine flüssige deutsche Übersetzung.

Geführte Lösung

a *tu* (V. 1): *secure* (V. 1)
puellae (V. 1): *formosae* (V. 1)
nocte (V. 2): *prima* (V. 2)
limina (V. 3): *tua* (V. 3)
nocte (V. 4): *silente* (V. 4)
ancilla (V. 5): *sollers* (V. 5)
tabellas (V. 5): *quas* (V. 5)
toro (V. 6): *vacuo* (V. 6)
cura (V. 7): *ista* (V. 7)
medullas (V. 7): *tuas* (V. 7)

! Ein Hyperbaton liegt vor, wenn zwei zueinandergehörende Wörter durch dazwischengestellte Wörter getrennt sind.

In der Dichtung kommen Hyperbata besonders häufig vor. Dies erklärt sich meist durch das Versmaß.

dolis (V. 8): *nostris* (V. 8)
marito (V. 11): *nulli* (V. 11)
vindice (V. 13): *nullo* (V. 13)
patientia (V. 16): *tanta* (V. 16)

b Bei dem zweimaligen *incipe* (V. 2; V. 3), bei *da* (V. 8) sowie *veta* (V. 17) handelt es sich um **Imperative**, bei *incipis* (V. 10), *es* (V. 11), *pateris* (V. 11), *facies* (V. 15), *quaeris* (V. 16) um die 2. P. Sg. im **Präsens** und bei *facies* um die 2. P. Sg. im **Futur** I.

c Bei allen Verben handelt es sich um Formen im **Konjunktiv Präsens**, da es sich um Prädikate in abhängigen (indirekten) Fragesätzen handelt, die mit *quis* (V. 3), *quid* (V. 4), *quas* (V. 5) und *cur* (V. 6) eingeleitet werden.

> Der vorliegende abhängige (indirekte) Fragesatz wird eingeleitet durch das Verb *quaerere* (V. 4).

d Mit folgenden Verbformen nimmt der Dichter Bezug auf sich selbst: *praemoneo* (V. 9), *prohibebor* (V. 12), *metuam* (V. 14), *velim* (V. 15). Bei *metuam* handelt es sich um einen **Konjunktiv Präsens** (Futur I ist trotz gleichlautender Form weniger wahrscheinlich). Der Konjunktiv ist begründet durch die vorliegende Überlegungsfrage (Deliberativ).

> Als Deliberativ beinhaltet der Konjunktiv eine (fragende) Überlegung.
> Der Deliberativ der Gegenwart steht im Präsens. Im Deutschen wird er mit „sollen" wiedergegeben.

e Bei *secure* handelt es sich um einen Vokativ Singular des (hier am besten substantivisch zu übersetzenden) Adjektivs *securus*, bezogen auf *tu*. Der **Genitiv** *puellae* gibt an, worum man unbekümmert bzw. weswegen man sorglos ist.

f *pateris* → du duldest
patienda → Gerundiv im Pl. n., der am besten als Sg. zu übersetzen ist: etwas, das zu dulden ist/geduldet werden muss
nulli marito → Dat. auctoris: von keinem Ehemann

> Da der Ausdruck verneint ist, wird das Gerundiv *patienda* mit „nicht dürfen" übersetzt: „etwas, das von keinem Ehemann geduldet werden darf" bzw. aktivisch: „etwas, das kein Ehemann dulden darf".

g Bei *incipis*, *incipiet* und *pateris ... patienda* liegen **Polyptota** vor.

> Wird ein Wortstamm in verschiedenen Formen verwendet, handelt es sich um ein Polyptoton.

h *cur iure velim te perisse* und
si iuvat me tibi rivalem esse

i *quid* → **warum?** – Begründung: Es kann nicht nach dem Inhalt, sondern nur nach dem Grund des Bellens der Hunde gefragt sein.
sollers → **schlau** – Begründung: Die Magd lässt sich offensichtlich zur Helfershelferin von etwas heimlich Getanem machen.
tabella → **Brief** – Begründung: Es muss etwas sein, was heimlich zur *puella* gebracht wird.
quin → **warum nicht?** – Begründung: Es handelt sich um eine Frage.

> Um die richtige Bedeutung beim Nachschlagen im Wörterbuch herauszufinden, ist es wichtig, den Kontext genau zu beachten.

j At tu, formosae nimium secure puellae,

> *formosae – puellae*: Hyperbaton
> *secure*: Vokativ, bezieht sich auf *tu*

incipe iam prima claudere nocte forem.

> *prima nocte* = Abl. temporis (Frage: „Wann?")
> *incipe*: Imperativ

Incipe, quis totiens furtim (tua limina) pulset,
quaerere, quid latrent nocte silente canes,

> *Quaerere* leitet die mit *quis*, *quid*, *quas* und *cur* beginnenden indirekten Fragesätze ein. Die Konjunktive *pulset*, *latrent*, *ferat*, *referat* und *secubet* müssen nicht wiedergegeben werden.
> *nocte silente*: Abl. temporis

quas ferat et referat (sollers ancilla) tabellas,
cur totiens vacuo secubet ipsa toro.
Mordeat ista tuas aliquando cura medullas,

> *quas*: bezogen auf *tabellas*
> *vacuo – toro*: Hyperbaton
>
> *mordeat*: Jussiv
> *tuas – medullas* und *ista – cura*: Hyperbata

daque locum nostris materiamque dolis. (…)

da: Imperativ
nostris – dolis: Hyperbaton

Iamque ego praemoneo: nisi tu servare puellam
incipis, incipiet desinere esse mea! (…)

Beachten Sie den Tempus-
wechsel *incipis – incipiet*.
mea: Ergänzen Sie gedanklich *puella*.

Lentus es et pateris nulli patienda marito (…)

patienda: Gerundiv, Akkusativobjekt zu *pateris*
nulli … marito: Dat. auctoris

Scilicet infelix numquam prohibebor adire?
   Nox mihi sub nullo vindice semper erit?

pateris, patienda: Infinitiv =
pati (Deponens)
Sub nullo vindice kann mit
„ohne …" aufgelöst werden.

Nil metuam? (…)

nil = nihil
metuam?: Deliberativ

Nil facies, cur te iure perisse velim?

cur … velim: indirekter
Fragesatz
te = Akkusativ, der zum
Subjekt wird, *perisse* = Infinitiv, der zum Prädikat wird;
der AcI ist durch *velim* eingeleitet

Quin alium, quem tanta iuvat patientia, quaeris?

tanta – patientia: Hyperbaton

Me tibi rivalem si iuvat esse, veta!

Ergänzen Sie *te* vor *iuvat*.
Iuvat leitet einen AcI ein mit
me rivalem als Akkusativ, der
zum Subjekt wird, und *esse*
als Infinitiv, der zum Prädikat wird.
veta: Imperativ

Übersetzung:
Du aber, der du allzu sorglos wegen (*ergänzen Sie:* deines) schönen Mädchens bist (*wörtlich:* du allzu Sorgloser), beginne nun bei Anbruch der Nacht, die Tür zu verschließen.

Fang an, zu fragen, wer so oft heimlich an deine Tür klopft, warum tief in der Nacht (*wörtlich:* in stiller Nacht) die Hunde bellen, welche Briefchen die schlaue Magd bringt und wieder zurückbringt und warum sie selbst so oft in ihrem leeren Bett liegt.

Diese Sorge soll endlich einmal dein Mark angreifen, (und) gib meiner Heimtücke (*wörtlich Plural*) Raum und Stoff! (…)

Ich warne dich schon vorher: Wenn du nicht beginnst, das Mädchen zu bewachen, wird es bald nicht mehr das Meine sein (*wörtlich:* beginnen, aufzuhören, das Meine zu sein). (…)

Du bist träge und duldest, was kein Ehemann dulden darf. (…)

Werde ich Unglücklicher denn (*wörtlich:* allerdings) niemals am Zutritt gehindert werden (*wörtlich:* … niemals abgehalten werden, hinzugehen)?

Wird die Nacht mir immer gehören, ohne (dass es) einen Rächer (gibt)?

Soll ich nichts fürchten? (…)

Wirst du nichts tun, weshalb ich mit Recht wünsche, dass du zugrunde gehst (*wörtlich:* gegangen bist)?

Warum suchst du nicht einen anderen, den eine so große Geduld erfreut?

Wenn es dich erfreut, dass ich dir ein Rivale bin, verbiete es (mir)!

Ovid

Text 5: Wer nie genug hat, ist immer arm …

Bacchus ist mit seinen Gefährten, darunter auch sein Erzieher Silen, auf dem Weg zu den Weingärten bei Tmolos. Dabei verliert Silen den Anschluss an die anderen und wird von Leuten des Königs Midas aufgegriffen, die ihn zum König bringen. Nach einer zehntägigen Feier bringt Midas den Silen wieder zurück zu Bacchus, der sehr erfreut über Midas' Verhalten ist …

Huic deus optandi gratum, sed inutile, fecit
muneris arbitrium gaudens altore recepto.
Ille male usurus donis ait: „Effice, quicquid
corpore contigero, fulvum vertatur in aurum."
5 Adnuit optatis nocituraque munera solvit
Liber et indoluit, quod non meliora petisset.

Midas ist glücklich, als er merkt, dass alles, was er berührt, zu Gold wird: Steine, Tische und Stühle … Er lädt seine Freunde zu einem üppigen Mahl ein, als er jedoch von den kostbaren Speisen essen möchte, werden auch diese zu Gold. Schnell wird für ihn seine neue Gabe zum Fluch.

Ad caelumque manus et splendida bracchia tollens
„Da veniam, Lenaee pater! Peccavimus", inquit,
„sed miserere, precor, speciosoque eripe damno!"
10 Mite deum numen: Bacchus peccasse fatentem
restituit pactique fide data munera solvit:
„Neve male optato maneas circumlitus auro,
vade", ait, „ad magnis vicinum Sardibus amnem!
Subde caput corpusque simul, simul elue crimen!"
15 Rex iussae succedit aquae: Vis aurea tinxit
flumen et humano de corpore cessit in amnem.

Ov. met. 11, 100–105; 131–137   103 lat. Wörter

  2   arbitrium, -i: *hier:* freies Ermessen (über etw.)
      altor, -oris (m.): *hier:* Erzieher
  3   Effice: *ergänzen Sie gedanklich:* ut
  4   contingere = tangere
  5   optata (Pl. n.): das Gewünschte
      solvere: abstatten; *freier:* erfüllen
  6   Liber, Liberi (m.): Liber (Gott der Fruchtbarkeit, *gemeint:* Bacchus)
      petisset: *Der Konjunktiv steht, da es sich um einen subjektiven Grund handelt.*
  8   Lenaeus pater: lenäischer Vater (*gemeint:* Bacchus)

11 fide: treu der Abmachung
    solvere: *hier:* zurücknehmen
12 neve = ne
13 Sardes, Sardium (Pl. f.): Sardes (Hauptstadt von Lydien)
14 subdere: *hier:* etw. eintauchen

Im Fokus
Participium Coniunctum

Ein Partizip, das **Attribut** zu einem **Substantiv des Satzes**, in dem es steht, ist, nennt man Participium coniunctum (PC).

- Das **Partizip Präsens Aktiv (PPA)** bezeichnet die Gleichzeitigkeit.
  Beispiel: *Philosophi ambulantes diputabant.*
     Die Philosophen diskutierten beim Spazierengehen.

- Das **Partizip Perfekt Passiv (PPP)** bezeichnet die Vorzeitigkeit.
  Beispiel: *Reus damnatus flebat.* – Nach seiner Verurteilung weinte der Angeklagte.

- Das **Partizip Futur Aktiv (PFA)** bezeichnet Nachzeitigkeit.
  Beispiel: *Venit propinquos visitaturus.* – Er kommt, um seine Verwandten zu besuchen.

Wiedergegeben werden kann das PC mit einem **Relativsatz**:
Beispiel: *Cives hostes timentes urbem reliquerunt.*
     Die Bürger, welche die Feinde fürchteten, verließen die Stadt.

Das PC kann zudem auch auf folgende Arten übersetzt werden:

- durch einen mit einer Subjunktion eingeleiteten **Nebensatz**: temporal, kausal, konzessiv, modal, konditional, final (nur bei PFA)
  Beispiel: *Cives hostes timentes urbem reliquerunt.*
     Die Bürger verließen die Stadt, weil sie die Feinde fürchteten. (kausal)

- durch einen **Präpositionalausdruck**:
  Beispiel: *Cives hostes timentes urbem reliquerunt.*
     Aus Furcht vor den Feinden verließen die Bürger die Stadt. (kausal)

- durch **Beiordnung**:
  Das PC wird als Hauptsatz übersetzt und der weitere Satz mit einem „und" angeschlossen.
  Beispiel: *Cives hostes timentes urbem reliquerunt.*
     Die Bürger fürchteten die Feinde und deshalb verließen sie die Stadt. (kausal)

Aufgaben

a Schlagen Sie die Bedeutung folgender Verbformen im Wörterbuch nach und geben Sie den Infinitiv an. Ermitteln Sie die im Kontext passende Bedeutung.

adnuit (V. 5): _____

miserere (V. 9): _____

tinxit (V. 15): _____

b Untersuchen Sie, bei welchen Formen es sich **nicht** um Deponentien handelt.

vertatur (V. 4)   *miserere* (V. 9)   *precor* (V. 9)   *fatentem* (V. 10)

c Suchen Sie alle Partizipien aus dem Text heraus und bestimmen Sie diese nach KNG. Ermitteln Sie anschließend das jeweilige Bezugswort.

d Prüfen Sie folgende Aussagen zum Ablativus absolutus auf ihre Richtigkeit. Zur Wiederholung des Ablativus absolutus können Sie sich (durch Scannen des QR-Codes) ein Lernvideo ansehen.

Aussage			Verbesserung
Ein Ablativus absolutus besteht aus einem Nomen im Ablativ und einem Partizip im Ablativ.	☐ richtig	☐ falsch	
Der Ablativus absolutus kann mit einem Adverbialsatz, einem Präpositionalausdruck und wörtlich wiedergegeben werden.	☐ richtig	☐ falsch	
Liegt ein PPA vor, bedeutet es, dass die Aussage des Ablativus absolutus im Präsens steht.	☐ richtig	☐ falsch	

e Bestimmen Sie *vertatur* (V. 4) und erklären Sie den vorliegenden Modus.

_____

_____

f Übersetzen Sie den Text in angemessenes Deutsch.

Text 6: Frauen zu beaufsichtigen nützt nichts!

Entweder ist eine Frau freiwillig treu – oder sie wird es auch bei Bewachung nicht sein. Das sollte jeder Mann einsetzen!

Dure vir, inposito tenerae custode puellae
    nil agis; ingenio est quaeque tuenda suo.
Siqua metu dempto casta est, ea denique casta est;
    quae, quia non liceat, non facit, illa facit! (…)
5 Nec corpus servare potes, licet omnia claudas;
    omnibus occlusis intus adulter erit.
Cui peccare licet, peccat minus; ipsa potestas
    semina nequitiae languidiora facit.
Desine, crede mihi, vitia inritare vetando; (…)
10 Quidquid servatur cupimus magis, ipsaque furem
    cura vocat; pauci, quod sinit alter, amant.
Nec facie placet illa sua, sed amore mariti;
    nescio quid, quod te ceperit, esse putant.
Non proba fit, quam vir servat, sed adultera cara;
15   ipse timor pretium corpore maius habet.

Ov. am. 3, 4 (1–10 mit Auslassungen, 25–30)   104 lat. Wörter

2   ingenium: *hier:* Können, Art
     castus, -a, -um: keusch
4   liceat: *zu übersetzen wie* licet
8   nequitia, -ae: *freier:* eine leichtfertige Tat
9   vetare: *hier:* herausfordern

Im Fokus
Lateinische Metrik

Das **elegische Distichon** ist ein Versmaß, das aus einem **Hexameter** und einem **Pentameter** besteht.

- Der **Hexameter** besteht aus jeweils **sechs Versfüßen**, von denen die ersten vier entweder Daktylen (–∪∪) oder Spondeen (– –) sind. Der vorletzte Versfuß ist in der Regel immer ein Daktylus, der letzte ein Spondeus oder Trochäus.
  – ∪ ∪ | – ∪ ∪ | – ∪ ∪ | – ∪ ∪ | – ∪ ∪ | – ×

- Der **Pentameter** ist in der Dichtung immer nur als Bestandteil eines Distichons zu finden, niemals jedoch alleine.
  Er besteht aus zwei Daktylen und einer einzelnen Länge in der ersten Hälfte und zwei Daktylen oder Spondeen und einer Länge in der zweiten Hälfte nach der Penthemimeres (= Zäsur nach dem 5. Halbfuß).
  – ∪ ∪ | – ∪ ∪ | – || – ∪ ∪ | – ∪ ∪ | –

Lateinische Verse bestehen aus einer festgelegten Abfolge kurzer (∪) und langer Silben (–).

- Eine Silbe ist **lang**, wenn eine **Naturlänge** vorliegt, d. h., wenn sie einen **Vokal**, z. B. im Ablativ Plural der a- und o-Deklination, z. B. *servis*, oder einen **Diphthong**, z. B. *saevus*, enthält.
- Wenn auf einen Vokal mindestens zwei Konsonanten folgen, spricht man von **Positionslänge**, d. h., die Silbe ist ebenfalls **lang**.
- Folgt auf einen **Vokal** ein weiterer **Vokal**, so ist die erste Silbe **kurz**.

Ausnahmen:

- **Muta cum liquida** liegt vor, wenn auf einen Vokal zwei Konsonanten folgen, von denen der erste zu den *muta* (p-Stämme: p, b, t-Stämme: t, d und k-Stämme: c, g), der zweite zu den *liquida* (m, n, l, r) zählt. Dann kann sowohl eine Länge als auch eine Kürze vorliegen.

Als **Hiat** bezeichnet man das Zusammentreffen von Vokal(+m) am Wortende mit (h+)Vokal am Anfang des folgenden Wortes, z. B. *multa ille, multi habitant, quantum amabitur*.

In solchen Fällen wird meist nur noch einer der Vokale gesprochen. Es können Elisionen oder Aphäresen auftreten:

- Wird der erste Vokal unterdrückt und nur der zweite gesprochen, so spricht man von einer **Elision**, z. B. *multa ille*.

- Von einer **Aphärese** spricht man, wenn bei einem Hiat das zweite Wort *es* oder *est* ist und anstelle des *e* die vorherige Silbe gesprochen wird, z. B. *multum est*.

Aufgaben

a Nehmen Sie eine metrische Analyse der V. 1–4 vor.

   Dure vir, inposito tenerae custode puellae

   nil agis; ingenio est quaeque tuenda suo.

   Siqua metu dempto casta est, ea denique casta est;

   quae, quia non liceat, non facit, illa facit! (…)

b Von V. 1–6 dieses Textauszuges begegnen Ihnen insgesamt drei Abl. abs. Finden Sie diese heraus und bestimmen Sie das vorliegende Zeitverhältnis.

c Suchen und bestimmen Sie die beiden im Text enthaltenen nd-Formen.

d Ermitteln Sie die unterschiedliche Wortbedeutung und grammatikalische Funktion von *liceat* in V. 4 und *licet* in V. 7 im Gegensatz zu Bedeutung und Funktion von *licet* in V. 5.

e Überlegen Sie, welche Pronominalform in dem Teilsatz *Cui peccare licet, peccat minus* (V. 7) sinngemäß zu ergänzen ist.

f Bestimmen Sie die Kasusfunktion von *corpore* (V. 15).

g Erstellen Sie dann eine treffende deutsche Übersetzung.

Vergil

Text 7: Landung in Karthago

Die Trojaner sind vom Seesturm an die karthagische Küste verschlagen worden. Eine Reihe von ihnen konnte sich nicht mehr retten, einige, darunter Äneas, finden sich dann aber nach und nach wieder. In Karthago treffen die Geretteten auf die Königin Dido. Sie betreten ihren Palast …

Postquam introgressi et coram data copia fandi,
maximus Ilioneus placido sic pectore coepit:
„O Regina, novam cui condere Iuppiter urbem
iustitiaque dedit gentis frenare superbas,
5 Troes te miseri, ventis maria omnia vecti,
oramus, prohibe infandos a navibus ignis,
parce pio generi et propius res aspice nostras.
Non nos aut ferro Libycos populare Penatis
venimus aut raptas ad litora vertere praedas;
10 non ea vis animo, nec tanta superbia victis.
Est locus, Hesperiam Grai cognomine dicunt
terra antiqua, potens armis atque ubere glaebae (…)
Hic cursus fuit,
cum subito adsurgens fluctu nimbosus Orion
15 in vada caeca tulit, (…)
(…) huc pauci vestris adnavimus oris."

Verg. Aen. 1, V. 520–538 (mit Auslassungen)   *99 lat. Wörter*

1 *übersetzen Sie:* coram regina data eis copia fandi
2 Ilioneus, -i (m.): Ilioneus *(einer der trojanischen Helden)*
11 Hesperia: Hesperien
    Grai: Griechen
13 hic: *übersetzen Sie hier wie:* huc
14 Orion, -onis: der Orion *(Sternbild, dessen Auf- und Untergang Stürme bringt)*
15 ferre: *hier:* treiben; *ergänzen Sie:* nos

Im Fokus
Kasuslehre: Ablativ

Der **Ablativus separativus**
- Als Ablativ des Ausgangspunktes steht er als bloßer Ablativ auf die Frage **„Woher?"**.
  Beispiel: *Roma proficisci* – von Rom abreisen
  Der (eigentliche) Ablativus separativus steht bei Verben der Bedeutungsfelder **berauben**, **entbehren**, bei Verben der Bedeutungsfelder **befreien/fernhalten/frei sein**, bei Verben mit **Präfix di(s) oder se-** mit der Präposition *a/ab*.
  Beispiel: *spe carere* – ohne Hoffnung sein
  Homines a bestiis ratione differunt. – Die Menschen unterscheiden sich von den Tieren durch die Vernunft.

- Der **Ablativus comparationis** (Ablativ des Vergleichs) bezeichnet bei einem Komparativ die Person oder Sache, mit der etwas verglichen wird.
  Er **ersetzt *quam*** mit einem Nominativ oder Akkusativ:
  Beispiel: *Nihil est celerius fama.* – Nichts ist schneller als ein Gerücht.
  Er findet sich bei manchen **Zahlen- und Maßangaben**:
  Beispiel: *Plus centum sestertiis* – mehr als hundert Sesterze
  Er steht in **festen Wendungen**:
  Beispiel: *sole clarius* – sonnenklar (wörtlich: klarer als die Sonne)

- Der **Ablativus instrumentalis** (Ablativ des Mittels) gibt auf die Frage **„Womit?"** bzw. **„Wodurch?"** an, durch welches Werkzeug bzw. Mittel etwas geschieht.
  Beispiel: *Miles gladio occisus est.* – Der Soldat wurde mit dem Schwert getötet.
  Der Ablativus instrumentalis steht auch in einigen festen Wendungen:
  Beispiel: *pedibus ire* – zu Fuß gehen, *proelio vincere* – eine Schlacht gewinnen
  poena afficere – bestrafen, *gloria afficere* – rühmen

- Der **Ablativus causae** (Ablativ des Grundes) gibt auf die Frage **„Weshalb?"**, **„Weswegen?"** die Ursache eines Geschehens an und steht besonders bei:
  Verben und Adjektiven der Freude und Trauer:
  Beispiel: *gaudere aliqua re* – sich über etw. freuen
  dem PPP bestimmter Verben (das PPP bleibt im Deutschen am besten unübersetzt):
  Beispiel: *ira incensus* – aus Zorn

- Der **Ablativus limitationis** (Ablativ der Beziehung) dient zur Eingrenzung eines Begriffes, für den eine bestimmte Handlung oder ein Zustand Geltung hat. Er steht auf die Frage **„In welcher Beziehung? Worin?"**.
  Er steht besonders bei **Verben des Beurteilens**, **Vergleichens** und **Übertreffens**:
  Beispiel: *vincere aliqua re* – übertreffen (in etw.)
  und bei feststehenden nominalen Wendungen:
  Beispiel: *maior natu* – älter, *minor natu* – jünger

- Der **Ablativus mensurae/discriminis** (Ablativ des Maßes/Unterschiedes) gibt auf die Frage **„Um wie viel?"** besonders bei Komparativen das Maß an, durch das sich zwei verglichene Größen unterscheiden:
  Beispiel: *dimidio minor* – um die Hälfte kleiner, *multo facilius* – viel leichter

- Der **Ablativus modi** (Ablativ der Art und Weise) steht:
  bei der Angabe einer Verfahrensweise:
  Beispiel: *eodem modo* – auf die gleiche Weise
  bei der Angabe eines körperlichen oder seelischen Zustandes:
  Beispiel: *Magna voce clamavit.* – Er schrie mit lauter Stimme.
  und in festen Wendungen:
  Beispiel: *iure* – zu Recht

- Der **Ablativus qualitatis** (Ablativ der Beschaffenheit) bezeichnet eine Eigenschaft, die durch ein Substantiv, meist mit einem Adjektiv oder Pronomen verbunden, zum Ausdruck gebracht wird. Er kann Prädikatsnomen oder Attribut sein.
  Beispiel: *miles excellenti virtute* – ein Soldat von hervorragender Tüchtigkeit

- Der **Ablativus loci** (Ablativ des Ortes) steht ohne Präposition:
  bei Eigennamen von Städten und kleineren Inseln:
  Beispiel: *Athenis* – in Athen
  bei *locus*, wenn es mit einem Attribut verbunden ist:
  Beispiel: *eo loco* – an diesem Ort
  bei Ortsangaben mit *totus* bzw. *omnis*:
  Beispiel: *toto orbe terrarum* – auf der ganzen Welt
  und in einigen festen Wendungen:
  Beispiel: *terra marique* – zu Wasser und zu Land
  Ansonsten steht der Ablativ mit *in*:
  Beispiel: *in terra ponere* – auf die Erde legen

- Der **Ablativus temporis** (Ablativ der Zeit) gibt auf die Frage „Wann?" Zeit und auch Zeitspannen an.
  Beispiel: *memoria patrum* – zur Zeit der Vorfahren

Aufgaben

a Suchen Sie alle Partizipialkonstruktionen aus dem Text heraus und bestimmen Sie diese nach ihrer Art (Participium coniunctum oder Ablativus absolutus), nach den Bezugswörtern und nach ihrem Zeitverhältnis in Relation zum Prädikat des sie umgebenden Satzes.

b Nennen und bestimmen Sie die zwei nd-Konstruktionen in V. 1 und V. 6.
_____
_____

c Identifizieren Sie die Stellen, an denen eine Form von *esse* entfallen ist, und ergänzen Sie die jeweils passende Form.
_____
_____

d Verändern Sie in V. 3/4 *O Regina, novam cui condere Iuppiter urbem* ... die Wortstellung an zwei Stellen, sodass der Satz leichter zu übersetzen ist.
_____
_____

e Klären Sie das Subjekt zu *dedit* (V. 4) und die davon abhängige Konstruktion.
_____
_____

f Bestimmen Sie den Kasus und seine jeweilige Funktion an folgenden Stellen (dazu gehört auch die Überlegung, wo ein Präpositionalausdruck durch einen anderen Kasus ersetzt ist):

placido ... pectore (V. 2): _____
iustitia (V. 4): _____
pio generi (V. 7): _____
ferro (V. 8): _____
victis (V. 10): _____
armis/ubere (V. 12): _____
fluctu (V. 14): _____
vestris ... oris (V. 16): _____

g Finden Sie im Text zwei Substantive, bei denen vermutlich ein dichterischer Plural vorliegt.
_____

h Grenzen Sie die Kasusformen *gentis* (V. 4), *ignis* (V. 6) und *Penatis* (V. 8) von *victis* (V. 10) ab, das scheinbar die gleiche Endung aufweist.

_____
_____
_____
_____

i Klären Sie mithilfe des Kontextes die Wortbedeutung von

copia (V. 1): _____

res (V. 7): _____

vertere (V. 9): _____

locus (V. 11): _____

caecus (vgl. V. 15): _____

sowie Lernform und Wortbedeutung zu *ubere* (V. 12).

_____

j Erstellen Sie abschließend eine flüssige Übersetzung ins Deutsche.

Geführte Lösung

a *vecti* (V. 5): *Participium coniunctum*, bezogen auf *Troes*; Vorzeitigkeit
raptas (V. 9): *Participium coniunctum*, bezogen auf *praedas*; Vorzeitigkeit
victis (V. 10): substantiviertes Partizip (hier: den Besiegten); Vorzeitigkeit
adsurgens (V. 14): *Participium coniunctum*, bezogen auf *Orion*; Gleichzeitigkeit

! Bei *vecti* handelt es sich um das PPP des Deponens *vehi*.

b *copia fandi* (V 1): Gerundium im Genitiv
infandos (V. 6): bezogen auf *ignis*, attributives Gerundiv

ignis = *ignes*
Die nd-Form *infandos* stimmt mit *ignis* in KNG überein. Es handelt sich daher um ein attributives Gerundiv.

c Ergänzen Sie: *Postquam introgressi <u>sunt</u> et coram data copia fandi <u>est</u>* (V. 1) und *non ea vis animo <u>est</u>, nec tanta superbia victis <u>est</u>* (V. 10).

> Da *introgressi* eine Pluralform ist und *postquam* mit Perfekt steht, ist ein *sunt* zu ergänzen.
> Das Subjekt zu *data* ist *copia*: Ergänzen Sie *est*.

d *O Regina, cui Iuppiter urbem novam condere dedit iustitiaque*

e *Dedit* bezieht sich auf *Iuppiter*. Von *dedit* ist ein Objektsinfinitiv abhängig (... gab ihr – *man könnte ergänzen: die Möglichkeit/die Macht* – zu zügeln.)

f *placido ... pectore*: Abl. qualitatis

> Mit *placido pectore* wird eine Eigenschaft des *Ilioneus* bezeichnet.

iustitia: Abl. instrumentalis

> evtl. auch als Abl. modi erklärbar

pio generi: Objektsdativ, abhängig von *parcere*
ferro: Abl. instrumentalis
victis: Dat. possessivus

> Der Dat. possessivus steht bei *esse*, um die Person, der etwas gehört, zu bezeichnen.

armis/ubere: Abl. limitationis
fluctu: Abl. des Ausgangspunktes
vestris ... oris: Objektsdativ zu *adnare*

> Der Dativ gibt hier ein Ziel an und ersetzt einen Präpositionalausdruck mit *ad*.

g Bei *praedas* (V. 9) und *oris* (V. 16) liegt jeweils ein dichterischer Plural vor.

> In der Dichtung steht oftmals der poetische Plural, wo sinngemäß der Singular zu erwarten wäre, z. B. wie im vorliegenden Fall bei *praedas* und *oris*.

h Bei *gentis*, *ignis* und *Penatis* handelt es sich um Formen im Akkusativ Plural; eigentlich würde man *gentes*, *ignes* und *Penates* erwarten.

> Die Bildung des Akkusativ Plural der 3. Deklination mit *-is* statt *-es* stellt eine Besonderheit in der Dichtung dar.

Das Substantiv *victis* ist jedoch tatsächlich ein Dativ Plural (an dieser Stelle ein Dat. possessivus).

i *copia:* hier: Erlaubnis, Gelegenheit, Möglichkeit
res: wörtl.: die Dinge; hier: Lage, die Geschicke
vertere: wörtl.: wenden; hier: bringen, schleppen
locus: hier: Land; Gegend
caecus, -a, -um: hier: unsichtbar
uber: hier: Fruchtbarkeit, Fülle, Ergiebigkeit

j Postquam introgressi et coram data copia fandi,

Postquam steht im Lateinischen mit Perfekt, im Deutschen muss die Vorzeitigkeit ausgedrückt werden.

introgressi (sunt) und *data (est):* Prädikate des *postquam*-Satzes

coram: Ergänzen Sie im Deutschen „der Königin"; das Gerundium *fandi* im Genitiv ist abhängig von *copia*.

(maximus Ilioneus) placido sic pectore coepit:
„O Regina, novam cui condere Iuppiter urbem
iustitiaque dedit gentis frenare superbas,

placido pectore: Abl. qualitatis oder Abl. modi

novam – urbem + gentis – superbas: Hyperbata
Ergänzen Sie im Deutschen zu *dedit* „Möglichkeit".

Troes te miseri, ventis (maria omnia) vecti,

vecti: PC; Bezugswort: die Troer

maria omnia: Ergänzen Sie im Deutschen „über".

oramus, prohibe infandos a navibus ignis,
parce (pio generi) et propius res aspice nostras.

infandos – ignis: Hyperbaton

prohibe, parce, aspice = Imperative

res – nostras: Hyperbaton
Parcere zieht den Dativ nach sich.

Non nos aut ferro Libycos populare Penatis

venimus aut raptas ad litora vertere praedas;

non (ea vis) animo, nec (tanta superbia) victis.

Est locus, Hesperiam Grai cognomine dicunt
terra antiqua, potens armis atque ubere glaebae
(…)
Hic cursus fuit, cum subito
adsurgens fluctu nimbosus Orion in (vada caeca)
tulit, (…) huc pauci vestris adnavimus oris."

> *ferro:* Abl. instrumentalis
> *Penatis* = *Penates*
>
> Ergänzen Sie im Deutschen „um … zu" nach *venimus*.
>
> Ergänzen Sie *est* nach *superbia*.
> *victis* = Dat. possessivus
>
> *Potens* hat hier den Ablativ bei sich.
>
> *adsurgens:* PC; Bezugswort: *Orion*
> *vestris – oris:* Hyperbaton
> *Adnare* hat den Dativ bei sich.

Übersetzung:
Nachdem sie eingetreten waren und man (*ergänzen Sie:* ihnen) die Erlaubnis, in Gegenwart (*ergänzen Sie:* der Königin) zu sprechen, gegeben hatte (*wörtlich:* und die Erlaubnis … gegeben worden war), begann der Älteste, Ilioneus, ruhig (*wörtlich:* mit friedlicher Gesinnung) folgendermaßen (*ergänzen Sie:* zu sprechen):
„Königin, der es Jupiter erlaubte, eine neue Stadt zu gründen und die stolzen Völker durch Gerechtigkeit zu zügeln, wir armen Troer, von den Winden über alle Meere geschleudert (*wörtlich:* getragen), bitten dich, wende den entsetzlichen Brand (*wörtlich:* die Feuer) von unseren Schiffen ab, schone das fromme Geschlecht und betrachte unsere Lage näher.
Wir sind weder gekommen, um mit dem Schwert die libyschen Penaten zu verheeren, noch, um die geraubte Beute an den Strand zu schleppen. Eine solche Gewalttat und ein solcher Hochmut gehören sich nicht für Besiegte (*wörtlich:* Eine solche Gewalttat haben wir nicht im Sinn und Besiegte haben auch keinen solchen Hochmut). Es gibt eine Gegend, Hesperien nennen es die Griechen mit Beinamen, ein altes Land reich an Waffen und an Fruchtbarkeit des Bodens. (…)
Hierhin führte unsere Fahrt, als sich plötzlich der regenbringende Orion aus den Fluten erhob und uns in verborgene Furten trieb, (…)
(…) Wenige nur sind wir hierher an eure Küste geschwommen.

Text 8: Rede der Venus vor Neptun

Äneas ist auf seiner Fahrt inzwischen nach Sizilien gelangt. Während die Männer dort Spiele zu Ehren des verstorbenen Vaters des Äneas, Anchises, veranstalten, hetzt die Göttin Iris, von Iuno geschickt, in verwandelter Gestalt die trojanischen Frauen auf, die Schiffe zu verbrennen. Es sei nämlich endlich an der Zeit, eine neue Stadt zu gründen und in ihr zur Ruhe zu kommen. Äneas segelt nach der Gründung der Stadt Segesta fort, wo er einen Teil seiner Leute, v. a. die Frauen, zurücklässt.
Venus, die besorgte Mutter, wendet sich an Neptun und bittet ihn um eine gefahrlose Überfahrt für ihren Sohn.

At Venus interea Neptunum exercita curis
adloquitur talisque effundit pectore questus:
„Iunonis gravis ira neque exsaturabile pectus
cogunt me, Neptune, preces descendere in omnis;
5 quam nec longa dies pietas nec mitigat ulla,
nec Iovis imperio fatisque infracta quiescit. (…)
Ipse mihi nuper Libycis tu testis in undis,
quam molem subito excierit: maria omnia caelo
miscuit (…);
10 in regnis hoc ausa tuis.
Per scelus ecce etiam Troianis matribus actis
exussit foede puppis et classe subegit
amissa socios ignotae linquere terrae.
Quod superest, oro, liceat dare tuta per undas
15 vela tibi, liceat Laurentem attingere Thybrim,
si concessa peto, si dant ea moenia Parcae."

Verg. Aen. 5, V. 779–798 (mit Auslassungen) 99 lat. Wörter

2 effundere (questus): (Klagen) ausstoßen
5 dies: *hier:* Zeit
10 ausa: *ergänzen Sie:* est
14 quod superest: *freier:* denn es bleibt (mir) nichts anderes übrig
15 vela dare: segeln
   Laurens, -ntis: latinisch
   Thybris, -idis (m.), -im (Akk.): Tiber
16 Parcae, -arum: die Parzen

Im Fokus
Lateinische Metrik

Lateinische Verse bestehen aus einer festgelegten Abfolge kurzer (⏑) und langer Silben (–).

Vergil verwendet in seiner *Aeneis* das Versmaß des **daktylischen Hexameters**:

- Der **Hexameter** besteht aus jeweils **sechs Versfüßen**, von denen die ersten vier entweder Daktylen (–⏑⏑) oder Spondeen (– –) sind. Der vorletzte Versfuß ist in der Regel immer ein Daktylus, der letzte ein Spondeus oder Trochäus.
  – ⏑ ⏑ | – ⏑ ⏑ | – ⏑ ⏑ | – ⏑ ⏑ | – ⏑ ⏑ | – ×

Regeln:

- Eine Silbe ist **lang**, wenn eine **Naturlänge** vorliegt, d. h., wenn sie einen **Vokal**, z. B. im Ablativ Plural der a- und o-Deklination, z. B. *servis*, oder einen **Diphthong**, z. B. s*ae*vus, enthält.
- Wenn auf einen Vokal mindestens zwei Konsonanten folgen, spricht man von **Positionslänge**, d. h., die Silbe ist ebenfalls **lang**.
- Folgt auf einen **Vokal** ein weiterer **Vokal**, so ist die erste Silbe **kurz**.

Ausnahmen:

- **Muta cum liquida** liegt vor, wenn auf einen Vokal zwei Konsonanten folgen, von denen der erste zu den *muta* (p-Stämme: p, b-Stämme: t, d und k-Stämme: c, g), der zweite zu den *liquida* (m, n, l, r) zählt. Dann kann sowohl eine Länge als auch eine Kürze vorliegen.

Als **Hiat** bezeichnet man das Zusammentreffen von Vokal(+m) am Wortende mit (h+)Vokal am Anfang des folgenden Wortes, z. B. *multa ille, multi habitant, quantum amabitur*.

In solchen Fällen wird meist nur noch einer der Vokale gesprochen. Es können Elisionen oder Aphäresen auftreten:

- Wird der erste Vokal unterdrückt und nur der zweite gesprochen, so spricht man von einer **Elision**, z. B. *multa ille*.
- Von einer **Aphärese** spricht man, wenn bei einem Hiat das zweite Wort *es* oder *est* ist und anstelle des *e* die vorherige Silbe gesprochen wird, z. B. *multum est*.

Aufgaben

a Analysieren Sie die V. 3–6 metrisch.

Iunonis gravis ira neque exsaturabile pectus

cogunt me, Neptune, preces descendere in omnis;

quam nec longa dies pietas nec mitigat ulla,

nec Iovis imperio fatisque infracta quiescit.

b Verbinden Sie alle Substantive (auch Pronomina) und die jeweils darauf bezogenen Adjektive, Partizipien oder Pronomina.

c Ermitteln Sie die Partizipialformen und -konstruktionen im Text und bestimmen Sie diese genau (Participium coniunctum, Ablativus absolutus, substantiviertes Partizip).

_____

_____

_____

_____

d Treffen Sie eine genaue Unterscheidung der auf -*is* endenden Substantivformen in den V. 1–6. Untersuchen Sie auf der Basis dieser Erkenntnisse die Form *puppis* (V. 12).

_____

_____

_____

_____

e Bestimmen Sie das Bezugswort zu *quam* (V. 5) und die an dieser Stelle vorliegende grammatikalische Erscheinung. Unterscheiden Sie hiervon die Verwendung von *quam* in V. 8.

_____

_____

_____

f • Erschließen Sie die fehlende Präposition vor *pectore* (V. 2).

_____

• Erschließen Sie, wer das Subjekt in V. 6 und V. 8–13 sein muss.

_____

g Erstellen Sie dann eine flüssige deutsche Übersetzung.

Text 9: Der Steuermann Palinurus

Venus hat in Sorge um Äneas den Meeresgott Neptun angefleht, kein Unheil mehr anzurichten. In seiner beruhigenden Antwort an Venus hat Neptun erklärt, nur ein Mann aus der Besatzung des Äneas werde noch auf See zu Schaden kommen, als ein Opfer für viele Gefährten. Darauf erfährt der Leser, dass es Palinurus, der Steuermann des Äneas, sein soll. Somnus, der Schlafgott, kommt über ihn ...

Iamque fere mediam caeli Nox umida metam
contigerat, placida laxabant membra quiete
(...) nautae,
cum levis aetheriis delapsus Somnus ab astris
5 aera dimovit tenebrosum et dispulit umbras,
te, Palinure, petens, tibi somnia tristia portans
insonti; puppique deus consedit in alta
Phorbanti similis funditque has ore loquelas:
„Iaside Palinure, ferunt ipsa aequora classem,
10 aequatae spirant aurae, datur hora quieti.
Pone caput fessosque oculos furare labori.
Ipse ego paulisper pro te tua munera inibo."
Cui vix attollens Palinurus lumina fatur:
„Mene salis placidi vultum fluctusque quietos
15 ignorare iubes? Mene huic confidere monstro?
Aenean credam (...) fallacibus auris
(...) caeli totiens deceptus fraude sereni?"
Talia dicta dabat.
Ecce deus ramum Lethaeo rore madentem
20 vique soporatum Stygia super utraque quassat
tempora cunctantique natantia lumina solvit.

Kaum ist Palinurus eingeschlafen, stürzt er ihn gewaltsam ins Meer.

Verg. Aen. 5, V. 835–856 (mit Auslassungen)   118 lat. Wörter

1 media caeli meta: *der Wendepunkt der Himmelsachse*
6 Palinurus, -i: *Palinurus (Steuermann des Äneas)*
8 Phorbas, -ntis: *Phorbas (trojanischer Held)*
   fundere: *hier:* entströmen lassen
9 Iasis, -idis (m.): *Iasussohn*
10 aequare, aequo, aequavi, aequatum: *hier:* ausgleichen; aequatus, -a, -um: gleichmäßig
19 Lethaeus, -a, -um: lethaeisch, zur Lethe gehörig, Vergessen bringend
   ros, roris (m.): Tau, Feuchtigkeit

20 soporatus, -a, -um: Schlaf bringend
Stygius, -a, -um: stygisch, des Styx *(Lethe und Styx sind Unterweltsflüsse)*

Im Fokus
cum-Sätze

cum mit Indikativ	
cum (cum relativum)	damals, als; (dann) wenn; zu der Zeit, als
cum m. Ind. Perf. (cum inversum)	als (plötzlich)
cum (cum iterativum)	sooft; immer, wenn
cum (cum coincidens)	indem; dadurch, dass
cum primum m. Ind. Perf. (cum temporale)	sobald (als)

cum mit Konjunktiv	
cum m. Konj. Imperf. bzw. Plusquamperf. (cum historicum)	als; nachdem (bei Vorzeitigkeit)
cum (cum causale)	da; weil
cum (cum concessivum)	obwohl; obgleich; wenn auch
cum (cum adversativum)	während (dagegen)
cum (cum modale)	wobei

Beachten Sie auch: *cum … tum:* sowohl … als besonders auch; *cum* m. Abl. (Präposition): mit

Aufgaben

a
- Verbinden Sie zunächst durch Strichverbindungen alle Substantive (evtl. auch Pronomina) und die jeweils darauf bezogenen Adjektive, Partizipien oder Pronomina. Achten Sie besonders auf vorliegende Hyperbata.
- Skandieren Sie V. 1 und V. 2. Begründen Sie anschließend mithilfe der Versanalyse, worauf sich die Form *placida* (V. 2) bezieht.

Iamque fere mediam caeli Nox umida metam

contigerat, placida laxabant membra quiete

_____

_____

b Suchen Sie alle Partizipformen aus dem Text heraus und bestimmen Sie genau deren Funktion (Participium coniunctum, Ablativus absolutus, substantiviertes bzw. an die Stelle eines Substantivs tretendes Partizip).

_____
_____
_____
_____

c Klären Sie die Verwendungsweise von *cum* in V. 4 und begründen Sie Ihre Antwort.

_____
_____
_____

d Erschließen Sie, welche Form vor bzw. nach *Mene huic confidere monstro?* (V. 15) zu ergänzen ist. Der vorausgehende Satz bietet Ihnen die entscheidende Hilfe.

_____
_____

e Begründen Sie die Modusfunktion von *credam* in V. 16 und erläutern Sie, ob der Konjunktiv im Deutschen wiedergegeben werden muss.

_____
_____

f Ermitteln Sie mithilfe des Wörterbuches die Lernform zu folgenden Formen und erschließen Sie die sinnvollste Bedeutung.
  lumina (V. 13 u. 21): _____
  salis (V. 14): _____
  tempora (V. 21): _____
  furare (V. 11): _____

g Erstellen Sie abschließend eine treffende deutsche Übersetzung.

Petron

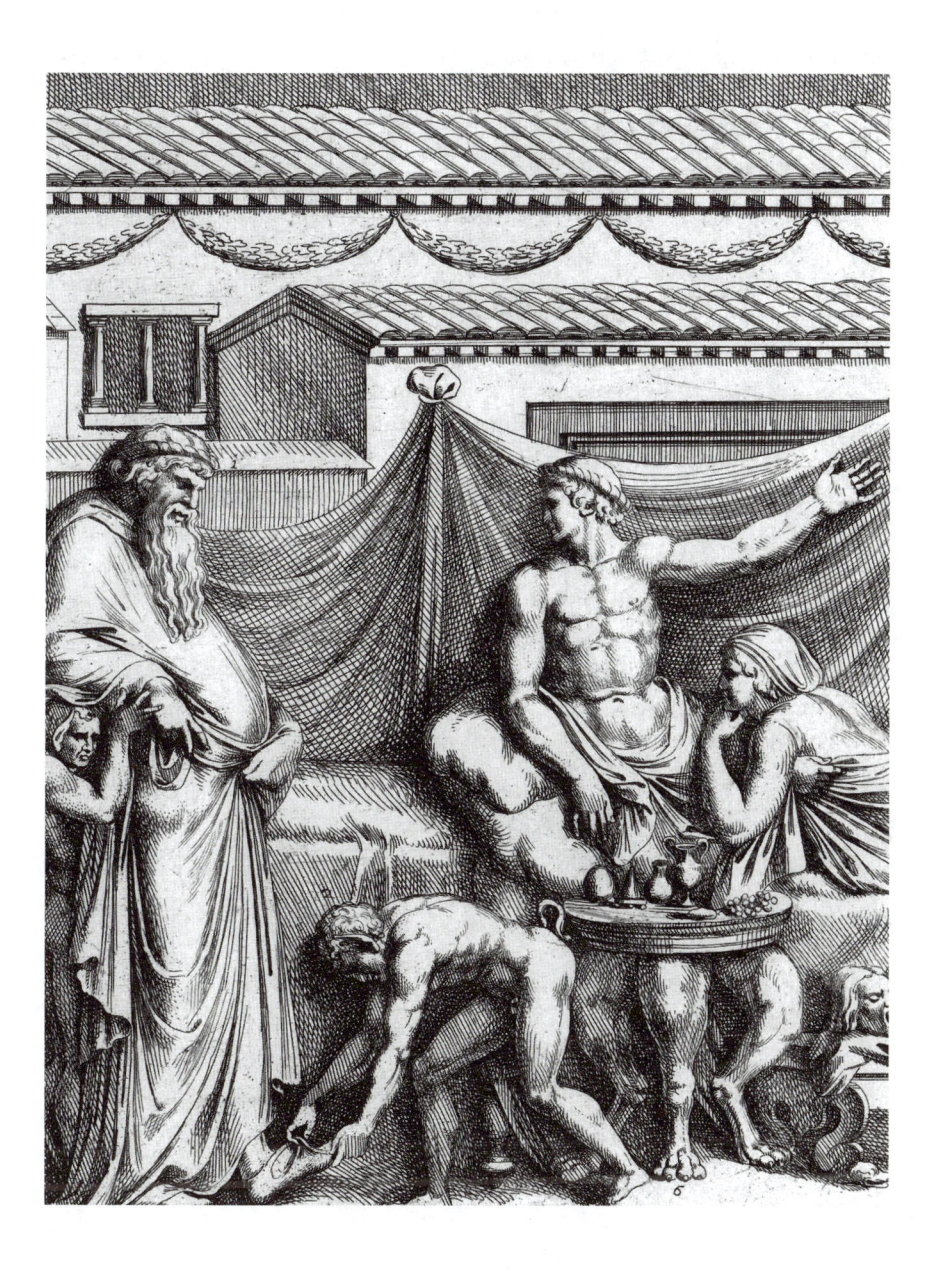

Text 10: Die Erbschleicher von Kroton

Enkolp und seine Gefährten sind durch Unteritalien unterwegs. Sie sehen von einem Berg aus auf einem benachbarten Hügel eine kleine Stadt, kennen ihren Namen aber nicht. Sie erfahren nicht nur diesen, sondern auch, dass es mit dieser Stadt etwas ganz Besonderes auf sich hat:

(…) a vilico quodam Crotona esse cognovimus, urbem antiquissimam et aliquando Italiae primam. Cum deinde diligentius exploraremus, qui homines inhabitarent nobile solum quodve genus negotiationis praecipue probarent post attritas bellis frequentibus opes: „O mi," inquit, „hospites, si negotiatores
5 estis, mutate propositum aliudque vitae praesidium quaerite. Sin autem urbanioris notae homines sustinetis semper mentiri, recta ad lucrum curritis. In hac enim urbe non litterarum studia celebrantur, non eloquentia locum habet, non frugalitas sanctique mores laudibus ad fructum perveniunt, sed quoscunque homines in hac urbe videritis, scitote in duas partes esse divisos.
10 Nam aut captantur aut captant. In hac urbe nemo liberos tollit, quia quisquis suos heredes habet, non ad cenas, non ad spectacula admittitur, sed omnibus prohibetur commodis, inter ignominiosos latitat. Qui vero nec uxores unquam duxerunt nec proximas necessitudines habent, ad summos honores perveniunt, id est soli militares, soli fortissimi atque etiam innocentes
15 habentur. Adibitis" inquit „oppidum tanquam in pestilentia campos, in quibus nihil aliud est nisi cadavera, quae lacerantur, aut corvi, qui lacerant."

Petron, Satyrica 116 (mit Auslassungen)   163 lat. Wörter

1 Croto, -onis (n.): Kroton (= *griech. Stadt*) (Akk. Crotonem/Crotona)
4 post attritas … opes: *übersetzen Sie wie:* opibus … attritis
5 praesidium, -i: *hier:* Unterhalt
6 urbanus, -a, -um: *hier:* fein
  nota, -ae: *hier:* Wesen, Art
15 in pestilentia: während der Pest(zeit)

Im Fokus
Komparation von Adjektiven

Man unterscheidet bei der Steigerung drei Vergleichsstufen:
- Positiv (Grundform)
- Komparativ (erste Steigerungsform)
- Superlativ (zweite Steigerungsform)

Formen

Komparativ

- Der Komparativ ist **zweiendig**.
  An den Wortstamm des Adjektivs wird *-ior* bei m./f. und *-ius* bei n. angefügt.

- Die Deklination entspricht der der Konsonantenstämme auf *-r*.

Beispiel: longus   →   longior, longius
miser   →   miserior, miserius
pulcher   →   pulchrior, pulchrius
brevis   →   brevior, brevius
ingens   →   ingentior, ingentius

Superlativ

- Der Superlativ ist dreiendig und wird dekliniert wie ein Adjektiv der a-/o-Deklination.
  Beispiel: longus → long-issim*us*, *-a*, *-um*

- An den Wortstamm des Adjektivs wird *-issimus, -a, -um* angehängt.
  Beispiel: ingens → ingent-issim*us*, *-a*, *-um*

- Bei den Adjektiven auf *-er* wird *-rimus, -a, -um* angehängt.
  Beispiel: miser → miser-rim*us*, *-a*, *-um*

- Bei einigen Adjektiven auf *-ilis* wird *-limus, -a, -um* angehängt.
  Beispiel: facilis → facil-lim*us*, *-a*, *-um*

Besonderheiten
Unregelmäßige Steigerungsformen haben folgende Adjektive:

Positiv	Komparativ	Superlativ
bonus, -a, -um	melior, -ius	optimus, -a, -um
malus, -a, -um	peior, -ius	pessimus, -a, -um
magnus, -a, -um	maior, -ius	maximus, -a, -um
parvus, -a, -um	minor, -us	minimus, -a, -um
multum	plus	plurimum
multi, -ae, -a	plures, -a	plurimi, -ae, -a

Folgende Präpositionen haben ebenfalls unregelmäßige Steigerungsformen:

Positiv	Komparativ	Superlativ
intra	interior, -ius	intimus, -a, -um
extra	exterior, -ius	extremus, -a, -um
supra	superior, -ius	supremus, -a, -um summus, -a, -um
post	posterior, -ius	postremus, -a, -um
prope	propior, -ius	proximus, -a, -um

Übersetzung

Komparativ

- Beim Komparativ werden zwei Größen miteinander verglichen. In einem Vergleich drückt der Komparativ ein „Mehr" aus.
  Oft wird bei der Größe, mit der etwas verglichen wird, ein *quam* (= als) ergänzt.
  Beispiel: Marcus celerior quam frater est. – Markus ist schneller als sein Bruder.

- Bei Fehlen einer Vergleichsgröße hat der Komparativ eine verstärkende oder abschwächende Wirkung. Sie wird im Deutschen wiedergegeben durch „zu", „ziemlich", „etwas".
  Beispiel: *oratio longior* – eine zu (ziemlich, etwas) lange Rede

Superlativ

- In einem Vergleich bezeichnet der Superlativ den höchsten Grad. Im Deutschen wird er analog mit Superlativ wiedergegeben.
  Beispiel: *equus celerrimus* – das schnellste Pferd

- Der Superlativ kann jedoch auch einen (lediglich) sehr hohen Grad meinen (sog. „Elativ"). Im Deutschen wird dies ausgedrückt durch die Einfügung von „sehr", „äußerst", „überaus".
  Beispiel: *equus celerrimus* – ein sehr schnelles Pferd

- Freiere Übersetzungsmöglichkeiten bieten sich beim Superlativ oftmals an.
  Beispiel: *puella tristissima* – ein todtrauriges Mädchen

Aufgaben

a Suchen Sie alle Adjektivformen (in der Grundstufe, im Komparativ und im Superlativ) aus dem Text heraus. Ordnen Sie diese in folgende Tabelle ein und geben Sie zu den Steigerungsformen auch die jeweilige Lernform an (Adjektiv oder auch Präposition).

Positiv	Komparativ	Superlativ

b Schlagen Sie folgende Wörter im Wörterbuch nach und klären Sie (im Verlauf der Übersetzung) die beste Übersetzungsmöglichkeit im vorgegebenen Zusammenhang.

recta (Z. 6): _____

captare (vgl. Z. 10; die Überschrift des Textes kann Ihnen eine Hilfe sein):

_____

tollere (vgl. Z. 10): _____

c Unterstreichen Sie wichtige Konstruktionen wie AcI, NcI, Participium coniunctum und Ablativus absolutus im Text.

d Klären Sie die Kasusfunktion von:

vitae (Z. 5): _____

urbanioris notae (Z. 6): _____

e Überprüfen Sie folgende Aussagen auf ihre Richtigkeit und verbessern Sie sie gegebenenfalls.

Aussage			Korrektur
Bei *qui* … (Z. 2) handelt es sich um einen indirekten Fragesatz.	☐ richtig	☐ falsch	
Mutate (Z. 5) und *quaerite* (Z. 5) sind PPA im Abl. Sg.	☐ richtig	☐ falsch	
Bei *mentiri* (Z. 6) liegt ein Deponens vor.	☐ richtig	☐ falsch	

f Übersetzen Sie dann den Text in möglichst flüssiges Deutsch.

Geführte Lösung

a

Positiv	Komparativ	Superlativ
primam (Z. 2): *primus, -a, -um*	*diligentius* (Z. 2): *diligens, -ntis*	*antiquissimam* (Z. 1): *antiquus, -a, -um*
nobile (Z. 3): *nobilis, -e*	*urbanioris* (Z. 6): *urbanus, -a, -um*	*summos* (Z. 13): *supra*
frequentibus (Z. 4): *frequens, -ntis*		*fortissimi* (Z. 14): *fortis, -e*
sancti (Z. 8): *sanctus, -a, -um*		*proximas* (Z. 13): *prope*
omnibus (Z. 11): *omnis, -e*		
ignominiosos (Z. 12): *ignominiosus, -a, -um*		
militares (Z. 14): *militaris, -e*		
innocentes (Z. 14): *innocens, -ntis*		

b *recta* → geradewegs

> Im Wörterbuch finden sich u. a. die Bedeutungen „gerade, in gerader Richtung, aufrecht, senkrecht, einfach"; dem Kontext entsprechend ist „gerade(wegs)" die passende Übersetzung.

captare → Erbschleicherei treiben

> Im Wörterbuch finden sich die Bedeutungen „greifen, zu überlisten suchen, streben, Erbschleicherei treiben"; dem Kontext entsprechend und im Hinblick auf die Überschrift ist „Erbschleicherei treiben" die passende Übersetzung.

tollere → aufziehen

> Im Wörterbuch finden sich u. a. die Bedeutungen „auf-, emporheben, erheben, in die Höhe heben, auf sich nehmen, ermutigen, trösten, (ein neugeborenes Kind) als sein eigenes anerkennen und aufziehen, wegnehmen"; dem Kontext entsprechend ist „(ein Kind) aufziehen" die passende Übersetzung.

c *Crotona esse cognovimus* (Z. 1): AcI

> *Cognoscere* (Verbum sentiendi) leitet einen AcI ein.

post attritas ... opes (Z. 4): PC

> Nach KNG stimmen *attritas* und *opes* überein. → VZ

scitote ... esse divisos (Z. 9): AcI

> *Scire* (Verbum sentiendi) leitet einen AcI ein.

soli militares ... innocentes habentur (Z. 14/15): NcI

> *Haberi* bedeutet oft „gehalten werden für" und steht mit doppeltem Nominativ.

d *vitae*: Genitiv als Objekt zu *praesidium*
urbanioris notae: Gen. qualitatis

> Der Gen. qualitatis bezeichnet eine Eigenschaft oder Beschaffenheit.

e

Aussage			Korrektur
Bei *qui* … (Z. 2) handelt es sich um einen indirekten Fragesatz.	☒ richtig	☐ falsch	
Mutate (Z. 5) und *quaerite* (Z. 5) sind PPA im Abl. Sg.	☐ richtig	☒ falsch	… Imperative im Plural
Bei *mentiri* (Z. 6) liegt ein Deponens vor.	☒ richtig	☐ falsch	

f

(…) (a vilico quodam) Crotona esse cognovimus, (urbem antiquissimam) et aliquando Italiae primam.

Cognovimus leitet einen AcI ein: *esse* = Infinitiv, der zum Prädikat wird, *Crotona* = Akkusativ, der zum Subjekt wird.

urbem antiquissimam und *primam* = Appositionen zu *Crotona*

Cum deinde diligentius exploraremus, qui homines inhabitarent nobile solum, quodve genus negotiationis praecipue probarent post attritas (bellis frequentibus) opes:
„O mi", inquit, „hospites, si negotiatores estis, mutate propositum aliudque vitae praesidium quaerite.
Sin autem (urbanioris notae) homines sustinetis semper mentiri, recta ad lucrum curritis.

Beachten Sie, dass *cum* hier mit Konjunktiv steht.

Post steht mit Akkusativ.

mutate und *quaerite*: Imperative (Singular)

mentiri = Deponens (aktivische Übersetzung)

In hac enim urbe non litterarum studia celebrantur, non eloquentia locum habet, non frugalitas sanctique mores laudibus ad fructum perveniunt, sed quoscunque homines in (hac urbe) videritis, scitote in (duas partes) esse divisos.

Hac bezieht sich auf *urbe*.

quoscunque = *quoscumque*, von *quicumque*: alle …, die

Scitote (= Imperativ II) leitet einen AcI ein mit *divisos esse* als Infinitiv und *quoscunque homines* als Akkusativ.

Nam aut captantur aut captant. In (hac urbe) nemo liberos tollit, quia quisquis (suos heredes) habet, non ad cenas, non ad spectacula admittitur,

quisquis: hier substantivisch gebraucht: „jeder, der"

sed omnibus prohibetur commodis, inter ignominiosos latitat.

prohibere: + Abl.
omnibus – commodis: Hyperbaton

Qui vero nec uxores unquam duxerunt nec (proximas necessitudines) habent, ad (summos honores) perveniunt, id est (soli militares), (soli fortissimi) atque etiam innocentes habentur .

nec unquam = numquam

haberi: mit doppeltem Nominativ

Adibitis" inquit „oppidum tanquam in pestilentia campos, in quibus nihil aliud est nisi cadavera, quae lacerantur, aut corvi, qui lacerant."

Übersetzung:

(…) Von einem (bestimmten) Verwalter erfuhren wir, dass es Kroton sei, eine sehr alte Stadt und einst die erste Italiens. Als wir hierauf genauer nachforschten, welche Menschen diesen edlen Boden bewohnten oder welche Art von Geschäft(en) sie bevorzugten (*wörtlich:* besonders guthießen), nachdem ihr Reichtum durch zahlreiche Kriege erschöpft war, sagte er: „Oh ihr Fremden, wenn ihr Geschäftsleute seid, dann ändert euren Plan und sucht euch einen anderen Lebensunterhalt. Wenn ihr aber als Menschen feinerer Art es aushaltet, immer zu lügen, dann eilt ihr geradewegs auf Gewinn zu: In dieser Stadt werden nämlich nicht die literarischen Studien gefeiert, es hat die Beredsamkeit nicht ihren Platz, es gelangen nicht die Enthaltsamkeit und die ehrwürdigen Sitten durch Lob zu Erfolg, sondern wisst, dass alle Menschen, die ihr in dieser Stadt seht, in zwei Gruppen geteilt sind: Denn entweder wird an ihnen Erbschleicherei begangen oder sie begehen Erbschleicherei. In dieser Stadt zieht niemand (seine) Kinder groß, weil keiner, der seine Erben hat, zu Gastmählern und zu Schauspielen zugelassen wird (*wörtlich:* weil jeder, der seine Erben hat, nicht zu Gastmählern und nicht zu Schauspielen zugelassen wird), sondern von allen Vorteilen ausgeschlossen wird und verborgen unter den ehrenrührigen Leuten lebt. Die aber, die niemals eine Frau genommen haben und auch keine nahen Verwandten besitzen, die gelangen zu den höchsten Ehren, d. h., diese allein werden für kriegstüchtig, diese allein für sehr tapfer und sogar für unbescholten gehalten. Ihr werdet", so sagte er, „in eine Stadt wie ein Gebiet während der Pestzeit kommen, wo es nichts anderes gibt als Leichen, die zerrissen werden, oder Raben, die sie zerreißen."

Text 11: Gaunergeschichten

Text a

In einer Herberge, in der viele Reisende eingekehrt sind, findet Ascyltos am Boden einen Geldbeutel mit mehreren Goldstücken. Noch bevor jemand bemerkt, dass ihm dieser Beutel fehlt, wollen sich Enkolp, Ascyltos und Giton mit diesem davonmachen. Sie stehlen im Vorübergehen noch einen Mantel, der am Sattel eines Pferdes im Hof hängt. Die Goldstücke nähen sie in den Saum eines zerlumpten Hemdes ein. Dieses kommt ihnen aber wieder abhanden und gerät einem Bauern in die Hände.

Veniebamus in forum deficiente iam die, in quo notavimus frequentiam rerum venalium, non quidem pretiosarum, sed tamen quarum fidem (...) obscuritas temporis facillime tegeret. Cum ergo et ipsi raptum latrocinio pallium detulissemus, uti occasione opportunissima coepimus atque in quodam angulo
5 laciniam extremam concutere, si quem forte emptorem splendor vestis posset adducere. Nec diu moratus rusticus quidam familiaris oculis meis cum muliercula comite propius accessit ac diligentius considerare pallium coepit. Invicem Ascyltos iniecit contemplationem super umeros rustici emptoris, ac subito exanimatus conticuit. Ac ne ipse quidem sine aliquo motu hominem
10 conspexi, nam videbatur ille mihi esse, qui tunicam in solitudine invenerat. Plane is ipse erat. Sed cum Ascyltos timeret fidem oculorum, ne quid temere faceret, prius tanquam emptor propius accessit detraxitque umeris laciniam et diligentius temptavit.

Petron, Satyrica 12 (mit Auslassung) 124 lat. Wörter

2 fidem: *ergänzen Sie:* fragwürdige
5 si: *hier:* ob
    emptor, -oris: Käufer; *hier freier:* Kaufinteressent; kaufwillig
8 contemplationem inicere: einen Blick (auf etw.) werfen
10 tunica, -ae: *hier:* Hemd
11 timere: *hier:* misstrauen

Im Fokus
Adverbien

Ein **Adverb** charakterisiert Handlungen, Sachverhalte oder Zustände, also in der Regel den Inhalt eines Verbs.
Man unterscheidet Adverbien des Ortes, der Zeit, des Grundes und der Art und Weise.

Bildung
Viele Adverbien werden **aus Adjektiven** abgeleitet:
- Adjektive der **a-/o-Deklination**: Wortstock + Endung *-e*
  Beispiel: *iustus* → *iust-e*; *pulcher* → *pulchr-e*
- Adjektive der **3. Deklination**: Wortstock + Endung *-iter*
  Beispiel: *celer* → *celer-iter*; *acris* → *acr-iter*
- Adjektive der **3. Deklination** mit Wortstock auf **-nt**: Wortstock + Endung *-er*
  Beispiel: *constans* → *constant-er*

Steigerung

Komparativ
Wortstock des Adverbs + Endung *-ius*
Beispiel: *iuste* → *iust-ius*; *pulchre* → *pulchr-ius*

Superlativ
Wortstock des Adverbs + Endung *-issime*
Beispiel: *iuste* → *iust-issime*

Wortstock des Adverbs + Endung *-rime* (bei Wortstock auf *-r*)
Beispiel: *liber-e* → *liber-rime*

Wortstock des Adverbs + Endung *-lime* (bei Wortstock auf *-il*)
Beispiel: *facil-iter* → *facil-lime*

Besonderheiten
Bei Adjektiven mit unregelmäßiger Steigerung sind auch die Steigerungsformen des Adverbs unregelmäßig:

Adjektiv	Adverb	Komparativ (Adverb)	Superlativ (Adverb)
bonus gut	*bene* gut	*melius* besser	*optime* am besten
malus schlecht	*male* schlecht	*peius* schlechter	*pessime* am schlechtesten
magnus groß	*magnopere* sehr	*magis* mehr	*maxime* am meisten
parvus klein	*paulum* wenig	*minus* weniger	*minime* am wenigsten
multum/multi viel/viele	*multum* viel	*plus* mehr	*plurimum* am meisten

Aufgaben

a Identifizieren Sie innerhalb der folgenden Wortreihe alle Adverbien und bestimmen Sie diese genau.
deficiente (Z. 1) – *facillime* (Z. 3) – *opportunissima* (Z. 4) – *propius* (Z. 7) – *diligentius* (Z. 7) – *super* (Z. 8) – *ipse* (Z. 9) – *plane* (Z. 11) – *temere* (Z. 11)

_____

_____

_____

_____

_____

_____

b Markieren Sie alle im Text vorkommenden Partizipialkonstruktionen.

c Geben Sie die Form an, unter der Sie folgende Wörter im Wörterbuch finden, und suchen Sie die im Kontext passende Bedeutung heraus.

venalium (Z. 2): _____

latrocinio (Z. 3): _____

detulissemus (Z. 4): _____

laciniam (Z. 5): _____

emptorem (Z. 5): _____

coepit (Z. 7): _____

d Stellen Sie – auch mithilfe des lateinisch-deutschen Wörterbuches – ein Sachfeld zu „Kauf/Waren" aus dem Text zusammen.

Gehen Sie genauso bezüglich eines Sachfeldes zu „Wahrnehmung" vor.

e Erklären Sie den Kasusgebrauch bei *occasione* (Z. 4).

_____

_____

f Übersetzen Sie dann den Text in möglichst flüssiges Deutsch.

Text b

O lusum fortunae mirabilem! Nam adhuc ne suturae quidem attulerat rusticus curiosas manus, sed tanquam mendici spolium etiam fastidiose venditabat. Ascyltos postquam depositum esse inviolatum vidit et personam vendentis contemptam, seduxit me paululum a turba et: „Scis", inquit, „frater, rediisse ad
5 nos thesaurum, de quo querebar? Illa est tunicula adhuc, ut apparet, intactis aureis plena. Quid ergo facimus aut quo iure rem nostram vindicamus?"(...)

Petron, Satyrica 13 (mit Auslassung)   *64 lat. Wörter*

3/4 *Beachten Sie hier die Wortbildung:* in-violatum *bzw.* paul-ul-um
4 contemptus: *hier wie* pauper *zu übersetzen*
5 tunicula, -ae: *kleines Unterkleid, Hemdchen*
    intactus, -a, -um: *unberührt*

Aufgaben

g • Untersuchen Sie den Text hinsichtlich Vorkommen und Verwendung von Partizipien.

_____

_____

- Identifizieren Sie solche Substantive, die aus PPP-Formen entstanden sind und daher leicht mit diesen verwechselt werden können.

  _____

  _____

  _____

h Übersetzen Sie den Text in möglichst flüssiges Deutsch.

Text c

Contra Ascyltos: „Quis", aiebat, „hoc loco nos novit aut quis habebit dicentibus fidem? Mihi plane placet emere, quamvis nostrum sit, quod agnoscimus, et parvo aere recuperare thesaurum potius, quam in ambiguam litem descendere." Sed praeter unum dipondium … nihil ad manum erat.
5 Itaque ne interim praeda discederet, vel minoris pallium addicere placuit, ut pretium maioris compendii leviorem faceret iacturam. Cum primum ergo explicuimus mercem, mulier operto capite, quae cum rustico steterat, inspectis diligentius signis iniecit utramque laciniae manum magnaque vociferatione latrones tenere clamavit. Contra nos perturbati, ne videremur nihil agere, et
10 ipsi scissam et sordidam tenere coepimus tunicam atque eadem invidia proclamare nostra esse spolia, quae illi possiderent. Sed nullo genere par erat causa, et cociones, qui ad clamorem confluxerant, nostram scilicet de more ridebant invidiam (…).

Petron, Satyrica 14 (mit Auslassung)   126 lat. Wörter

2 dicentibus: *gemeint ist: dass das Hemd eigentlich ihr Eigentum sei*
10 invidia: *hier und in Z. 13:* Unwille, Empörung
11 nullo genere: *hier:* keineswegs
12 cocio, cocionis: Makler

Aufgaben

i Klären Sie die Wortbedeutung an den vorliegenden Stellen:

vel (Z. 5): _____

addicere (Z. 5): _____

j Finden Sie heraus, welche deutsche Übersetzung zu den einzelnen lateinischen Ausdrücken gehört, und ordnen Sie sie zu.

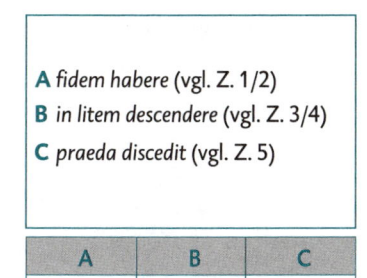

A *fidem habere* (vgl. Z. 1/2)
B *in litem descendere* (vgl. Z. 3/4)
C *praeda discedit* (vgl. Z. 5)

1 einen Prozess abwenden
2 Glauben schenken
3 Treue halten
4 die Beute fehlt
5 sich auf einen Rechtsstreit einlassen
6 die Beute verschwindet

A	B	C

k Übersetzen Sie den Text in möglichst flüssiges Deutsch.

Text d

(…) Hinc Ascyltos bene risum discussit, qui silentio facto: „Videmus", inquit, „suam cuique rem esse carissimam; reddant nobis tunicam nostram et pallium suum recipiant." Etsi rustico mulierique placebat permutatio, advocati tamen iam nocturni, qui volebant pallium lucri facere, flagitabant, uti apud se utraque
5 deponerentur ac postero die iudex querelam inspiceret. Neque enim res tantum, quae viderentur in controversiam esse, sed longe aliud quaeri, quod in utraque parte scilicet latrocinii suspicio haberetur. (…) Apparebat nihil aliud quaeri nisi ut semel deposita vestis inter praedones strangularetur, et nos metu criminis non veniremus ad constitutum. (…) Utriusque partis votum casus
10 adiuvit. Indignatus enim rusticus, quod nos centonem exhibendum postularemus, misit in faciem Ascylti tunicam et liberatos querela iussit pallium deponere, quod solum litem faciebat, et recuperato, ut putabamus, thesauro in deversorium praecipites abimus, praeclusisque foribus ridere acumen non minus cocionum quam calumniantium coepimus, quod nobis
15 ingenti calliditate pecuniam reddidissent. (…)

Petron, Satyrica 14–15 (mit Auslassungen) 143 lat. Wörter

3/4 advocati nocturni: Winkeladvokaten
4 lucri facere: gewinnen, Gewinn machen
8 strangulare: aufteilen
9 constitutum: *hier*: angesetzter Prozess
10 cento, -onis (m.): Mantel
13 deversorium, -i: Herberge
14 cocio, cocionis: Makler
calumniari, calumnior: fälschlich anklagen

Aufgaben

l Schlagen Sie im Wörterbuch zunächst die wörtlichen Bedeutungen folgender lateinischer Wörter nach. Überlegen Sie sich anschließend eine freiere angemessene Wiedergabe ins Deutsche.

risum discutere (vgl. Z. 1): _____

querelam inspicere (vgl. Z. 5): _____

m Prüfen Sie, welches grammatikalische Phänomen jeweils vorliegt, und kreuzen Sie die richtige Antwort an.

Textstelle			
silentio facto (Z. 1)	☐ Abl. abs.	☐ Abl. modi	☐ PC
reddant (Z. 2)	☐ Deliberativ	☐ Jussiv	☐ Irrealis
*metu **criminis*** (Z. 8/9)	☐ Gen. partitivus	☐ Gen. obiectivus	☐ Gen. pretii
Indignatus … rusticus (Z. 10)	☐ Abl. abs.	☐ Gerundium	☐ PC
exhibendum (Z. 10)	☐ Adjektiv	☐ Gerundium	☐ Gerundiv

n Erklären Sie, welches grammatikalische Phänomen in dem Satz *Neque enim …* (Z. 5 ff.) vorliegt.

_____
_____
_____

o Übersetzen Sie dann den Text in möglichst flüssiges Deutsch.

Tacitus

Text 12: Arminius – Rebell gegen Rom

Arminius stammte aus einer der führenden Familien des germanischen Stammes der Cherusker. Sein Vater führte eine prorömische Gruppe an. So diente Arminius zusammen mit seinem Bruder Flavus eine Reihe von Jahren im römischen Heer. Arminius kehrte nach einer Weile zu seinem Stamm zurück, Flavus aber blieb in Rom. Als der Statthalter Publius Quinctilius Varus 9 n. Chr. in das Cheruskerland bis an die Weser vorrücken wollte, sah Arminius die Zeit für einen Aufstand gekommen. Berühmt wurde ein Streitgespräch, das die beiden Brüder bei ihrem Zusammentreffen an der Weser geführt haben sollen.

(…) In ripa cum ceteris primoribus Arminius adstitit oravitque, ut liceret cum fratre conloqui. Erat is in exercitu cognomento Flavus, insignis fide et amisso per vulnus oculo paucis ante annis duce Tiberio. Tum vocatur progressusque salutatur ab Arminio; qui amotis stipatoribus, unde ea deformitas oris,
5 interrogat fratrem. Illo locum et proelium referente quodnam praemium recepisset, exquirit. Flavus aucta stipendia, torquem et coronam aliaque militaria dona memorat inridente Arminio vilia servitii pretia. Hic magnitudinem Romanam, opes Caesaris et victis gravis poenas, in deditionem venienti paratam clementiam; neque coniugem et filium eius hostiliter haberi:
10 Ille fas patriae, libertatem avitam, penetralis Germaniae deos, matrem precum sociam, ne propinquorum et adfinium, denique gentis suae desertor et proditor quam imperator esse mallet. Paulatim inde ad iurgia prolapsi, quominus pugnam consererent, ne flumine quidem interiecto cohibebantur, ni Stertinius adcurrens plenum irae armaque et equum poscentem Flavum
15 attinuisset. Cernebatur contra minitabundus Arminius proeliumque denuntians. (…)

Tac., ann. 2, 9–10 (mit Auslassungen)   146 lat. Wörter

- 6   stipendia: *hier wie:* stipendium
- 8   Caesar, -ris: *hier:* Kaiser
  victis: *Fügen Sie im Deutschen „gegenüber" ein.*
  gravis = graves
- 10   penetralis = penetrales
- 11   adfinis, -is (m./f.): Verwandter/Verwandte
- 12   ad iurgia prolabi: in Streit geraten
- 13   quominus … consererent: *Übersetzen Sie diese Passage am besten mit Infinitiv.*
  ni = nisi
- 14   Lucius Stertinius: *Anführer der römischen Reiterei*
- 15   contra: *hier örtlich zu verstehen*

Im Fokus
Ablativus absolutus

Der Ablativus absolutus kann in folgendem Beispiel auf drei verschiedene Arten wiedergegeben werden:
Beispiel: *Urbe deleta* omnes ad naves concurrerunt.

- durch einen mit einer Subjunktion eingeleiteten **Nebensatz**
  Beispiel: Als/Nachdem die Stadt zerstört worden war, strömten alle bei den Schiffen zusammen.

- durch einen **Präpositionalausdruck**
  Beispiel: Nach Zerstörung der Stadt strömten alle bei den Schiffen zusammen.

- durch **Beiordnung**
  Beispiel: Die Stadt war zerstört worden. Daraufhin strömten alle bei den Schiffen zusammen.

Übersetzungsmöglichkeiten

Folgende **Sinnrichtungen** sind möglich:
Beispiel: *Urbe deleta* …

- **temporal**
  1. als, während[1], nachdem[2]
  Beispiel: Als/Nachdem die Stadt zerstört worden war, …

  2. bei[1], während[1], nach[2]
  Beispiel: Nach Zerstörung der Stadt …

  3. (und) dabei[1], währenddessen[1],
  (und) danach/dann/darauf(hin)[2]
  Beispiel: Die Stadt war zerstört worden. Daraufhin …

  [1] nur bei Gleichzeitigkeit (PPA)
  [2] nur bei Vorzeitigkeit (PPP)

- **kausal**
  1. weil, da
  Beispiel: Weil die Stadt zerstört worden war, …

  2. wegen, infolge
  Beispiel: Wegen der Zerstörung der Stadt …

  3. (und) deshalb
  Beispiel: Die Stadt war zerstört worden. Deshalb …

- **konzessiv**
  1. obwohl, obgleich
  Beispiel: Obwohl die Stadt zerstört worden war, …

  2. trotz
  Beispiel: Trotz der Zerstörung der Stadt …

  3. (und) trotzdem, (und) dennoch
  Beispiel: Die Stadt war zerstört worden. Trotzdem …

- **modal**

  1. indem; dadurch, dass
  Beispiel: Dadurch, dass die Stadt zerstört worden war, ...

  2. bei, durch, unter
  Beispiel: Durch die Zerstörung der Stadt ...

  3. (und) dabei, (und) dadurch, (und) so
  Beispiel: Die Stadt war zerstört worden. Dadurch ...

- **konditional**[3]

  1. wenn, falls
  Beispiel: Falls die Stadt zerstört wurde, ...

  2. im Falle[4]
  Beispiel: Im Falle der Zerstörung der Stadt ...

[3] Eine konditionale Sinnrichtung kommt nur selten vor.
[4] Diese Übersetzung wirkt im Deutschen meist etwas umständlich.

Aufgaben

a Geben Sie die Lernformen an, unter denen Sie folgende Formen im Wörterbuch finden. Notieren Sie die im Kontext passende Bedeutung.

primoribus (Z. 1): _____

amisso (Z. 2): _____

stipatoribus (Z. 4): _____

avitam (Z. 10): _____

b Ermitteln Sie alle Partizipialkonstruktionen im Text und bestimmen Sie diese genau (Participium coniunctum, Ablativus absolutus, substantiviertes Partizip; Zeitverhältnis).

c Untersuchen Sie den Text auf das Vorkommen abhängiger Fragesätze.

d Bestimmen Sie das Tempus der Prädikate und begründen Sie die Änderungen des verwendeten Tempus im Verlauf des Textes.

e Verändern Sie die Satz- bzw. Wortstellung zweier Satzperioden so, dass diese leichter übersetzbar sind:
   In ripa ... (Z. 1/2): _____
   qui amotis ... (Z. 4): _____
   Paulatim ... (Z. 12): _____

f Ermitteln Sie, von welchem Wort der Nebensatz beginnend mit *ne* ... (Z. 11) abhängt.

g Überlegen Sie, welches Prädikat jeweils zu ergänzen ist: in dem mit *unde ea* ... (Z. 4), in dem mit *Hic* (Z. 8) und in dem mit *Ille fas* ... (Z. 10) beginnenden Nebensatz.

h Erklären Sie, welche grammatikalische Erscheinung ab *neque coniugem* ... (Z. 9) vorliegt.

i Erstellen Sie dann eine Übersetzung in flüssiges Deutsch.

Geführte Lösung

a *primoribus* → *primores:* die Vornehmsten
amisso → *amitto; amittere:* verlieren
stipatoribus → *stipator:* im Plural: Gefolge
avitam → *avitus, -a, -um:* vererbt

b

> **!** Zu den sprachlichen Besonderheiten bei Tacitus zählt die Kürze des Ausdrucks (*brevitas*), die u. a. durch häufige Partizipialkonstruktionen erreicht wird.

amisso … oculo (Z. 2/3): Ablativus absolutus mit kausalem Nebensinn (vorzeitig)	Erklärbar auch als Ablativus causae zu *insignis* (damit wäre das PPP attributiv zu übersetzen), wahrscheinlicher ist jedoch ein Abl. abs.
progressus (Z. 3): PPP eines Deponens (vorzeitig)	*progressus* = PPP (Nom. Sg. m.) von *progredi*
amotis stipatoribus (Z. 4): Ablativus absolutus (vorzeitig)	*amotis* = PPP (Abl. Pl. m.) von *amittere*
Illo … referente (Z. 5): Ablativus absolutus (gleichzeitig)	*referente* = PPA (Abl. Sg. m.) von *referre*
aucta (stipendia) (Z. 6): Participium coniunctum, PPP, vorzeitig (hier attributiv zu übersetzen)	*aucta* = PPP (Akk. Pl. n.) von *augere*
inridente Arminio (Z. 7): Ablativus absolutus (gleichzeitig)	*inridente* = PPA (Abl. Sg. m.) von *inridere*
victis (Z. 8): substantiviertes Partizip (PPP)	*victis* = PPP (Dat. Pl.) von *vincere*
venienti (Z. 9): Partizip (PPA) (gleichzeitig)	*venienti* = PPA (Dat. Sg.) von *venire*
prolapsi (Z. 12): Participium coniunctum, PPP (vorzeitig)	*prolapsi* = PPP (Nom. Pl. m.) von *prolabi*
flumine … interiecto (Z. 13): Ablativus absolutus (vorzeitig)	*interiecto* = PPP (Abl. Sg. n.) von *intericere*
adcurrens (Z. 14): Participium coniunctum, PPA (gleichzeitig)	*adcurrens* = PPA (Nom. Sg. m.) von *adcurrere*
poscentem (Z. 14): Participium coniunctum, PPA (gleichzeitig)	*poscentem* = PPA (Akk. Sg. m.) von *poscere*

denuntians (Z. 16): Participium coniunctum, PPA (gleichzeitig)

denuntians = PPA (Nom. Sg. m.) von *denuntiare*

c Es kommen zwei abhängige (indirekte) Fragesätze vor, wobei beim ersten das Prädikat entfallen ist (vgl. Frage e):

Abhängige Fragesätze stehen nach den Verben des Fragens, Sagens, Zweifelns und (Nicht-)Wissens. Ihr Modus ist der Konjunktiv.

... *unde ea deformitas oris*, *interrogat fratrem*. (Z. 4/5)

... *quodnam praemium recepisset*, *exquirit*. (Z. 5/6)

Interrogat leitet den mit *unde* beginnenden Fragesatz ein.

Exquirit leitet den mit *quodnam* beginnenden Fragesatz ein.

d Zunächst finden sich Vergangenheitsformen: **Imperfekt** (*liceret*, Z. 1; *erat*, Z. 2) und **Perfekt** (*adstitit*, Z. 1; *oravit*, Z. 1). Ab *vocatur* (Z. 3) wechselt die Handlung ins **(historische) Präsens** (dies soll eine Verlebendigung des Erzählten bewirken).
Ab *Paulatim* (Z. 12) kehrt der Autor zu Vergangenheitsformen zurück.
Imperfekt: *consererent* (Z. 13), *cohibebantur* (Z. 13), *Cernebatur* (Z. 15) bzw.
Plusquamperfekt: *attinuisset* (Z. 15)

Das **historische Präsens** dient dazu, Ereignisse in der Vergangenheit gegenwärtig und dadurch lebendig zu machen.

Durch das Imperfekt werden Zustände und Umstände geschildert, die den Hintergrund der Haupthandlung bezeichnen (**durativer** Charakter), **oder** Handlungen, die gewohnheitsmäßig ausgeführt werden (**iterativer** Charakter).
Das **Perfekt** bezeichnet einmalige Ereignisse, die in der Vergangenheit geschehen und abgeschlossen sind (= Tempus der Erzählung).

e *In ripa*: Arminius cum ceteris primoribus in ripa adstitit oravitque, ut cum fratre conloqui liceret.

qui amotis ...: qui amotis stipatoribus interrogat fratrem, unde ea deformitas oris

Paulatim ...: Paulatim inde ad iurgia prolapsi, ne flumine quidem interiecto cohibebantur, quominus pugnam consererent, ni ...

f Der mit *ne* ... beginnende Nebensatz ist abhängig von *precum* (Z. 10).

g *unde ea ...*: ergänzen Sie: *esset* (Z. 4/5), *Hic* und *Ille fas ...*: Beide Male ist am besten *memorat* („er erwähnt") als Prädikat zu ergänzen.

Zu den sprachlichen Besonderheiten bei Tacitus zählt das Vorkommen von Ellipsen, insbesondere aller Formen von *esse* und *verba dicendi*.

h Es handelt sich um eine Oratio obliqua (indirekte Rede).

Die Oratio obliqua bezeichnet die abhängige/indirekte Rede: Sie gibt die Äußerungen (Gedanken, Meinung) einer dritten Person mittelbar wieder. Die Oratio obliqua ist abhängig von einem *verbum dicendi/sentiendi*.

i (...) In ripa cum (ceteris primoribus) Arminius adstitit oravitque, ut liceret cum fratre conloqui.

Ut steht hier mit Konjunktiv, eingeleitet durch *oravit*.

Erat is in exercitu cognomento Flavus, insignis fide et amisso per vulnus oculo paucis ante annis duce Tiberio.
Tum vocatur progressusque salutatur ab Arminio;

fide: Abl. causae, abhängig von *insignis*

ante: Die Zeitangabe steht im Abl. mensurae.

amisso ... oculo + duce Tiberio: Abl. abs. Anstelle eines Partizips steht ein Prädikatsnomen (= *duce*).

qui amotis stipatoribus, unde ea deformitas oris, interrogat fratrem.

qui: relativer Satzanschluss

unde ... oris: Ergänzen Sie gedanklich eine Form von *esse* als Prädikat.

Illo locum et proelium referente quodnam praemium recepisset, exquirit.

illo ... referente: Abl. abs.

Exquirit leitet einen indirekten Fragesatz ein: *quodnam ... recepisset*.

Flavus aucta stipendia, torquem et coronam aliaque militaria dona memorat inridente Arminio vilia servitii pretia.

aucta: PPP, bezogen auf *stipendia*

inridente ... Arminio: Abl. abs.

Hic (magnitudinem Romanam), opes Caesaris

et victis (gravis poenas), in deditionem venienti paratam clementiam; neque coniugem et filium eius hostiliter haberi:
Ille fas patriae, (libertatem avitam), penetralis Germaniae deos, matrem precum sociam,

(ne) propinquorum et adfinium, denique gentis suae desertor et proditor quam imperator esse mallet. Paulatim inde ad iurgia prolapsi, quominus pugnam consererent, ne flumine

quidem interiecto cohibebantur, ni Stertinius adcurrens plenum irae armaque et equum poscentem Flavum attinuisset.

Cernebatur contra minitabundus Arminius proeliumque denuntians. (...)

Ergänzen Sie als Prädikat *memorat*.

gravis = graves
venienti: Dativobjekt zu *paratam*

Ille fas ...: Ergänzen Sie als Prädikat *memorat*.
penetralis = penetrales
sociam: weibliche Form zu *socius*; übersetzen Sie freier, z. B. mit einem Relativsatz.

Ne ... mallet ist abhängig von *precum*.

flumine ... interiecto: Abl. abs.

Stertinius adcurrens und *poscentem Flavum*: PC
Plenus (-a, -um) hat den Genitiv bei sich.
equum und *arma*: Akkusativobjekte zu *poscentem*

(Arminius) denuntians: PC
proelium: Akkusativobjekt zu *denuntians*

Übersetzung:

(...) Am Ufer stand Arminius mit den übrigen Anführern (da) und bat, dass man ihm erlaube mit seinem Bruder zu sprechen. Dieser war im Heer und trug den Beinamen Flavus. Er war ausgezeichnet durch seine Treue und hatte wenige Jahre zuvor unter der Führung des Tiberius durch eine Verwundung ein Auge verloren. Da wurde er gerufen *(eigentlich historisches Präsens)*, trat vor und wurde von Arminius begrüßt. Dieser fragte, nachdem sich seine Begleiter entfernt hatten, seinen Bruder, woher diese Entstellung seines Gesichtes stamme. Als jener den Ort und die Schlacht angab, fragte Arminius, welche Belohnung er denn erhalten habe. Flavus nannte den erhöhten Sold, den Halsreif, den (Ehren-)Kranz und die anderen militärischen Auszeichnungen, wobei Arminius diese wertlosen Belohnungen für die Knechtschaft verlachte. Dieser hob die Größe Roms, die Macht des Kaisers und die schweren Strafen gegen die Besiegten hervor, (stattdessen aber) die Milde, die dem zuteilwerde, der sich ergeben habe. Auch würden weder seine Frau noch sein Sohn feindlich behandelt: Jener führte das Recht der Heimat, die vom Großvater angestammte (*wörtlich:* ererbte) Freiheit, die heimatlichen Götter Germaniens und die Mutter an, die sich seinen Bitten anschließe (*wörtlich:* die Verbündete bezüglich der Bitten), dass er weniger gern (*wörtlich:* nicht lieber) Deserteur und Verräter seiner Verwandten und Vertrauten, schließlich seines ganzen Stammes sein wolle als ihr Anführer. Allmählich gerieten sie hierüber in Streit und hätten sich nicht einmal durch den dazwischenliegenden Fluss davon abhalten lassen (*wörtlich:* ließen sich nicht einmal durch den dazwischenliegenden Fluss davon abhalten), sich einen Kampf zu liefern, wenn nicht Stertinius herbeigeeilt wäre und Flavus, der voller Zorn Waffen und ein Pferd forderte, festgehalten hätte. Auf der Gegenseite sah man Arminius, der drohte und den Kampf ankündigte. (...)

Text 13: Das Vierkaiserjahr – Otho und Vitellius

Das Jahr 69 n. Chr. ging als Vierkaiserjahr in die Geschichte ein. Auf Nero folgte Galba, auf ihn Otho, der sich durch einen Staatsstreich an die Macht brachte. Gegen diesen wiederum erhob sich der Statthalter Vitellius, der sich ebenfalls zum Kaiser ausrufen ließ. Nach einigen Erfolgen verlor Othos Armee in der Nähe von Cremona gegen Vitellius. Als Otho davon erfuhr, beging er Selbstmord, um weiteres Blutvergießen zu verhindern. Zu seinen Leuten soll er zuvor folgendermaßen gesprochen haben:

„Hunc animum, hanc virtutem vestram ultra periculis obicere nimis grande vitae meae pretium puto. Quanto plus spei ostenditis, si vivere placeret, tanto pulchrior mors erit. Difficilius est temperare felicitati, qua te non putes diu usurum. Civile bellum a Vitellio coepit, et ut de principatu certaremus
5 armis, initium illic fuit: ne plus quam semel certemus, penes me exemplum erit; hinc Othonem posteritas aestimet. Fruetur Vitellius fratre, coniuge, liberis: mihi non ultione neque solaciis opus est. Alii diutius imperium tenuerint, nemo tam fortiter reliquerit. An ego tantum Romanae pubis, tot egregios exercitus sterni et rei publicae eripi patiar? Nec diu moremur
10 ego incolumitatem vestram, vos constantiam meam. Plura de extremis loqui pars ignaviae est. Praecipuum destinationis meae documentum habete, quod de nemine queror; nam incusare deos vel homines eius est, qui vivere velit."

Tac. hist. 2, 47   131 lat. Wörter

1   ultra: *hier:* Adverb
11 pars ignaviae est: ignaviae est

Im Fokus
Konjunktive im Hauptsatz

Der **Optativ**

- Als Optativ bezeichnet der Konjunktiv den **Modus des Wunsches**.
- **Erfüllbare** oder als erfüllbar gedachte **Wünsche** werden folgendermaßen ausgedrückt:
  Gegenwart: Konj. Präsens:
  Beispiel: *Sis felix!* – Mögest du glücklich sein!
  Vergangenheit: Konj. Perfekt:
  Beispiel: *(Utinam) salvus in patriam redierit!*
  Hoffentlich ist er wohlbehalten in die Heimat zurückgekehrt!
  Velim felix sis!
  Mögest du doch glücklich sein! (wörtlich: Ich möchte, dass du glücklich bist.)
  Sie können verstärkt sein durch **utinam**: (dass) doch, hoffentlich und **velim**: ich möchte, dass … (wörtliche Übersetzung); doch
- **Unerfüllbare** oder als unerfüllbar gedachte **Wünsche** werden folgendermaßen ausgedrückt:
  Gegenwart: Konj. Imperfekt:
  Beispiel: *Utinam / Vellem maneres!* – Ich wünschte, du bliebest!
  Vergangenheit: Konj. Plusquamperfekt:
  Beispiel: *Vellem domi mansisses!* – Ich wünschte, du wärest zu Hause geblieben!
  Sie sind stets eingeleitet durch **utinam**: dass/wenn doch und **vellem**: ich wünschte
  Verneint werden Wunschsätze generell mit **ne** (bzw. **utinam ne/nolim** bzw. **nollem**).

Der **Potentialis**

- Der Potentialis wird verwendet, wenn die Gültigkeit einer Aussage als nur **möglich** oder gedacht dargestellt werden soll. Er drückt also eine **gemilderte Behauptung** aus.
  Gegenwart: Konj. Präsens/Konj. Perfekt:
  Beispiel: *dicat/dixerit aliquis* – es **könnte/dürfte/mag** jmd. sagen
  Vergangenheit: Konj. Imperfekt:
  Beispiel: *videres/cerneres* – man **hätte** sehen **können**
- Die Verneinung ist **non**.

Der **Irrealis**

- Der Irrealis wird verwendet, wenn ein Sachverhalt als **nicht wirklich** dargestellt werden soll.
- Der Irrealis wird folgendermaßen ausgedrückt:
  Gegenwart: Konj. Imperfekt:
  Beispiel: *venirem* – ich käme
  Vergangenheit: Konj. Plusquamperfekt:
  Beispiel: *venissem* – ich wäre gekommen.
- Der Irrealis kommt häufig in **Konditionalsätzen** vor. Die Verneinung ist **non**.
- Ins Deutsche wird der Irrealis wörtlich übersetzt, d. h. mit Konjunktiv Imperfekt bzw. Plusquamperfekt wiedergegeben.

Hortativ, Jussiv, Prohibitiv

- Im **Hortativ** (von lat. *hortari*) werden Personen, zu denen der Sprecher gehört, zu einer gemeinsamen Handlung aufgefordert: Er steht in der **1. P. Pl.** des **Konjunktiv Präsens**. Übersetzt wird er mit „Lasst uns …", „Wollen wir …".
  Beispiel: *Eamus!* – Lasst uns gehen!

- Der **Jussiv** (von lat. *iubere*) drückt einen **Befehl** an eine 3. Person aus:
  Er steht in der **3. P. Sg.** oder **Pl.** des **Konjunktiv Präsens**. Übersetzt wird er mit „sollen".
  Beispiel: *Veniat!* – Er, sie (oder es) soll kommen!

- Der **Prohibitiv** drückt ein **Verbot** aus, das sich an (eine) angeredete Person(en) richtet.
  Er steht in der **2. P. Sg.** oder **Pl.** des **Konjunktiv Perfekt** (!) und ist stets mit der Verneinung *ne* verbunden. Im Deutschen wird er wie ein **verneinter Imperativ** wiedergegeben.
  Beispiel: *Ne alios laeseris!* – Verletze andere nicht!

Der **Deliberativ**

- Als Deliberativ beinhaltet der Konjunktiv eine (fragende) Überlegung der sprechenden Person (im Hauptsatz).
  Gegenwart: Konj. Präsens:
  Beispiel: *Quid faciam?* – Was soll ich tun?
  Vergangenheit: Konj. Imperfekt:
  Beispiel: *Quid facerem?* – Was hätte ich tun sollen?

- Der Deliberativ wird im Deutschen mit einer passenden Zeitstufe von „sollen" wiedergegeben.

Aufgaben

a Bestimmen Sie, soweit möglich, die Modusfunktion der folgenden Formen:

  placeret (Z. 2): _____

  putes (Z. 3): _____

  aestimet (Z. 6): _____

  tenuerint (Z. 8): _____

  reliquerit (Z. 8): _____

  patiar (Z. 9): _____

  moremur (Z. 9): _____

  velit (Z. 13): _____

  Grenzen Sie von diesen Formen die Verbform *Fruetur* (Z. 6) ab.

b Erschließen Sie im Laufe Ihrer Übersetzung die beste Bedeutung von:

  animus (vgl. Z. 1): _____

  temperare (Z. 3): _____

morari (vgl. Z. 9): _____

extremus, -a, -um (vgl. Z. 10): _____

c Stellen Sie mit lateinischen Wörtern aus dem Text ein Sachfeld zu „Militär/Krieg/Herrschaft" zusammen.

d Bestimmen Sie die Form *qua* (Z. 3) genau, nennen Sie das Bezugswort und erklären Sie den Kasusgebrauch. Bestimmen Sie den Charakter des Nebensatzes ab *qua* und erläutern Sie die Vorgehensweise bei der Übersetzung.

_____

_____

_____

e Erklären Sie den Kasus und seine Funktion von:

vitae meae (Z. 2): _____

Romanae pubis (Z. 8): _____

ignaviae est (Z. 11): _____

eius (Z. 12): _____

f Erstellen Sie dann eine flüssige Übersetzung ins Deutsche.

Text 14: Ein Komet am Himmel

60 n. Chr. erschien nach der Ermordung von Neros Mutter Agrippina ein Komet am Himmel, den die Bevölkerung als mögliches Vorzeichen für einen Herrscherwechsel ansah ...

Inter quae sidus cometes effulsit, de quo vulgi opinio est, tamquam mutationem regis portendat. Igitur, quasi iam depulso Nerone, quisnam deligeretur, anquirebant. Omnium ore Rubellius Plautus celebrabatur, cui nobilitas per matrem ex Iulia familia. Ipse placita maiorum colebat, habitu
5 severo, casta et secreta domo, quantoque metu occultior, tanto plus famae adeptus. Auxit rumorem pari vanitate orta interpretatio fulguris. Nam quia discumbentis Neronis ictae dapes mensaque disiecta erat, idque finibus Tiburtum acciderat, unde paterna Plauto origo, hunc illum numine deum destinari credebant fovebantque multi. Ergo permotus his Nero componit ad
10 Plautum litteras, consuleret quieti urbis seque prava diffamantibus subtraheret: esse illi per Asiam avitos agros, in quibus tuta et inturbida iuventa frueretur. Ita illuc cum coniuge et paucis familiarium concessit. (...)

Tac. ann. 14, 22 (mit Auslassungen) *119 lat. Wörter*

1 sidus cometes = cometes
   quae: *sinngemäß bezogen auf die Ereignisse, die sich vor dem Inhalt des Textes abspielten*
   opinio est (+ Konj.) = opinio est (+ AcI)
3 omnium ore: einstimmig
   Rubellius Plautus: *ein römischer Adeliger, der über seine Mutter eng mit dem Kaiserhaus verwandt war*
4 Iulius, -a, -um: julisch *(d. h. auf die Familie der Julier bezogen)*
   placitum, -i: *hier:* die Überzeugung *(wörtlich: das, was gefällt)*
8 Tiburtum: von Tibur *(Tibur ist ein Ort vor den Toren Roms, das heutige Tivoli)*
10 consuleret: *ergänzen Sie zuvor:* ut
   se subtrahere: sich entziehen

Im Fokus
Deponentien

- Deponentien haben **passive Formen**, aber **aktive Bedeutung**. Sie haben sozusagen die Bedeutung des Passivs abgelegt *(deponere)*.
Häufige Deponentien sind:

hortari, hortor, hortatus sum	– ermahnen
vereri, vereor, veritus sum	– fürchten
loqui, loquor, locutus sum	– sprechen
reri, reor, ratus sum	– (be)rechnen, meinen
frui, fruor, fructus sum	– genießen
uti, utor, usus sum	– gebrauchen
oriri, orior, ortus sum	– entstehen, sich erheben
pati, patior, passus sum	– leiden
fateri, fateor, fassus sum	– bekennen, gestehen
confiteri, confiteor, confessus sum	– bekennen, gestehen
adipisci, adipiscor, adeptus sum	– etw. (mit Anstrengung) erreichen, erlangen

- Gelegentlich beinhalten Deponentien eine reflexive Handlung.
Beispiel: *misereri* – <u>sich</u> erbarmen

- Die Deponentien werden **wie das Passiv der aktiven Verben** konjugiert. Sie bilden jedoch auch alle aktivischen Nominalformen, das Gerundium und das Gerundiv.

- Der Imperativ der Deponentien lautet:
*hort**are**:* Ermahne!   *hort**amini**:* Ermahnt!

- Die sogenannten **Semideponentien** haben in der Regel im Präsensstamm aktive Endungen und nur im Perfektstamm passivische.
Beispiel: *gaudere, gaudeo, gavisus sum* – sich freuen
audere, audeo, ausus sum – wagen
solere, soleo, solitus sum – pflegen, gewohnt sein

Aufgaben

a Bestimmen Sie den Modus und seine Funktion zu *deligeretur* (Z. 3).

b Bestimmen Sie die grammatikalische Erscheinung bei *depulso Nerone* (Z. 2) und überlegen Sie, wie die (sprachlich eher seltene) Verbindung mit der Subjunktion *quasi* aufzulösen ist.

c Erklären Sie den Kasus und seine Funktion bei *habitu severo* (Z. 4/5) und *casta et secreta domo* (Z. 5).

d Bestimmen Sie – auch anhand des Kontextes – genau die Form *his* (Z. 9).

e Erschließen Sie aufgrund des Fehlens einer finiten oder einer verkürzten Verbform, wo eine Form von *esse* entfallen sein muss (Ellipse). Ergänzen Sie die entsprechenden Formen.

f Erschließen Sie die treffendste Wortbedeutung von:
per (Z. 11): _____
concedere (vgl. Z. 12): _____

g Erstellen Sie dann eine flüssige Übersetzung ins Deutsche.

Seneca

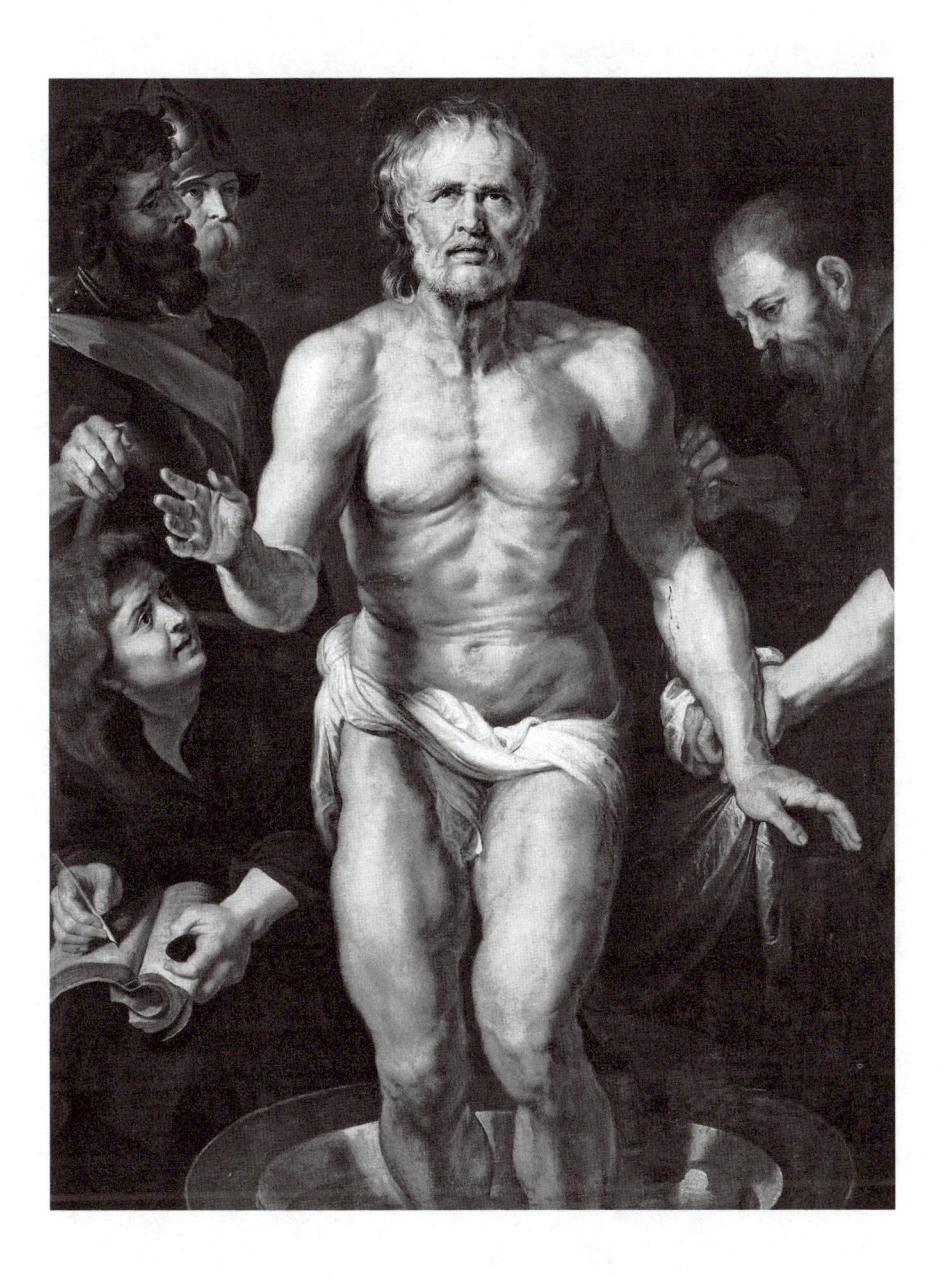

Text 15: Und jedem Anfang wohnt ein Zauber inne – auch dem der Freundschaft

Braucht auch ein weiser Mann Freunde oder lebt er bevorzugt alleine? Worin liegt für ihn der Wert einer Freundschaft? Seneca gibt im folgenden Text eine Antwort darauf. Besonders interessiert ihn der Beginn von Freundschaften.

Ita sapiens se contentus est, non ut velit esse sine amico, sed ut possit. Amissum aequo animo fert. Sine amico quidem numquam erit: In sua potestate habet, quam cito reparet. Quomodo si perdiderit Phidias statuam, protinus alteram faciet, sic hic faciendarum amicitiarum artifex substituet
5 alium in locum amissi. Quaeris, quomodo amicum cito facturus sit? Hecaton ait: „Ego tibi monstrabo amatorium sine medicamento, sine herba, sine ullius veneficae carmine: Si vis amari, ama." Habet autem non tantum usus amicitiae veteris et certae magnam voluptatem, sed etiam initium et comparatio novae. Quod interest inter metentem agricolam et serentem, hoc inter eum, qui
10 amicum paravit, et qui parat. Attalus philosophus dicere solebat iucundius esse amicum facere quam habere, „quomodo artifici iucundius pingere est quam pinxisse.": Non aeque delectatur, qui ab opere perfecto removit manum. Iam fructu artis suae fruitur: ipsa fruebatur arte, cum pingeret. Fructuosior est adulescentia liberorum, sed infantia dulcior.

Sen. ep. 2, 9 (Auszug) 148 lat. Wörter

2   Amissum: *ergänzen Sie:* amicum
3   reparare: wieder erwerben; *ergänzen Sie auch hier sinngemäß:* amicum
    Phidias, -ae (m.): *berühmter athenischer Bildhauer z. Z. des Perikles*
5   Hecaton: *antiker griechischer Philosoph*
6   medicamentum, -i: *Wählen Sie hier eine negative Bedeutung der Vokabel.*
10 Attalus, -i: *stoischer Philosoph, Lehrer des Seneca*
12 qui: *ergänzen Sie zuvor:* is

Im Fokus
Consecutio temporum

Das Tempus des Nebensatzes wird durch sein Zeitverhältnis zum Hauptsatz bestimmt. Man nennt dieses Zeitverhältnis *Consecutio temporum*. Das Zeitverhältnis kann (vom Nebensatz her betrachtet) **gleichzeitig**, **vorzeitig** oder **nachzeitig** sein.

Consecutio temporum bei indikativischen Nebensätzen

- Bei **Gleichzeitigkeit** ist das **Tempus** von Hauptsatz (HS) und Nebensatz (NS) **gleich**.
- Bei **Vorzeitigkeit** gelten folgende Regeln:

HS	NS
Präsens	Perfekt
Imperfekt, Perfekt, Plusquamperfekt	Plusquamperfekt
Futur I, Imperativ	Futur II

  Beispiel: *Adulescentes non volunt (Prä.), quod pueri voluerunt (Perf.).* – Junge Leute wollen nicht (mehr), was sie als Kinder wollten.
  Heri amicum visitavi (Perf.), qui diu a patria afuerat (Plusquamp.). – Gestern besuchte ich einen Freund, der der Heimat lange fern gewesen war.
  Cum Romam visitavero (Futur II), multa narrabo (Futur I). – (Immer) wenn ich Rom besucht habe (besuche), werde ich viel zu erzählen haben.

- Die **Nachzeitigkeit** findet sich nur selten.

Consecutio temporum bei konjunktivischen Nebensätzen

Bei konjunktivischen Nebensätzen ist nicht nur auf das Zeitverhältnis zu achten, sondern auch darauf, ob der Hauptsatz in einem sogenannten Haupt- oder Nebentempus steht:

Haupttempus	Nebentempus
Präsens, präsentisches Perfekt, Futur I oder II	alle Vergangenheitszeiten; historischer Infinitiv (meist)

Beispiel: *Rogatis, quando venerimus.* – Ihr fragt, wann wir gekommen seien.
Rogabatis, quando venissemus. – Ihr fragtet, wann wir gekommen seien.

- Dabei gelten folgende Regeln:

  Gleichzeitigkeit

HS	NS
Haupttempus	Konj. Präsens
Nebentempus	Konj. Imperfekt

  Beispiel: *Parentes rogant, quem amici visitent.* – Die Eltern fragen, wen die Freunde besuchen.

Vorzeitigkeit	
HS	NS
Haupttempus	Konj. Perfekt
Nebentempus	Konj. Plusquamperfekt

Beispiel: *Parentes rogaverunt, quando amici profecti essent.* – Die Eltern fragten, wann die Freunde abgereist seien.

Die **Nachzeitigkeit** wird meist durch die **Gleichzeitigkeit** ersetzt, da es im Lateinischen keinen Konjunktiv im Futur gibt. Ausgedrückt wird sie nur in indirekten Fragesätzen und verneinten Ausdrücken des Zweifelns.

Beispiel: *Providendum est, ne liberis quid mali accidat (Konj. Präs.).* – Man muss dafür sorgen, dass den Kindern nichts Schlimmes geschieht.

Soll die **Nachzeitigkeit** in konjunktivischen Nebensätzen ausgedrückt werden, so kann dazu eine Umschreibung durch eine Verbindung einer PFA-Form mit einer Form von *esse* im Konjunktiv eintreten (z. B.: -urus + sit/esset):

Beispiel: *Non ignoro, quid responsurus sis.* – Ich weiß genau, was du antworten wirst.

Besonderheiten:

- Das **historische Präsens** kann als Haupt- oder Nebentempus eingestuft werden.
- Für **Nebensätze zweiten Grades** ist das Tempus des unmittelbar übergeordneten Satzes maßgeblich.
- Die *Consecutio temporum* wird nicht beachtet, wenn die Aussage des Nebensatzes sich in die **Gegenwart des Sprechers** erstreckt oder **zeitlose Gültigkeit** hat (sogenanntes **absolutes Tempus**).

Aufgaben

a Markieren Sie alle Nebensätze im Text (indikativische und konjunktivische) und erklären Sie, welches Zeitverhältnis zum Hauptsatz vorliegt.

b Bestimmen Sie folgende Formen genau:

faciendarum (Z. 4): _____

ama (Z. 7): _____

metentem (Z. 9): _____

c Suchen Sie den Irrläufer in folgenden Reihen und begründen Sie Ihre Wahl.

amari (Z. 7) — *facere* (Z. 11) – *pinxisse* (Z. 12) – *opere* (Z. 12)

_____

amico (Z. 2) – *potestate* (Z. 3) – *carmine* (Z. 7) – *aeque* (Z. 12)

_____

d Erstellen Sie abschließend eine flüssige Übersetzung ins Deutsche.

Geführte Lösung

a *non ut velit ... ut possit* (Z. 1): Gleichzeitigkeit
Im Hauptsatz steht mit *est* ein Haupttempus, der Nebensatz ist gleichzeitig zum Hauptsatz. Daher steht im Nebensatz Konjunktiv Präsens.

quam cito reparet (Z. 3): Gleichzeitigkeit
Im Hauptsatz steht mit *habet* ein Haupttempus, der Nebensatz ist gleichzeitig zum Hauptsatz. Daher steht im Nebensatz Konjunktiv Präsens.

si perdiderit (Z. 3): Vorzeitigkeit
Im Hauptsatz steht mit *faciet* Futur I, im Nebensatz Futur II *(perdiderit)*. → vorzeitiges Zeitverhältnis

quomodo ... facturus sit (Z. 5): Nachzeitigkeit
Im Hauptsatz steht mit *quaeris* Präsens, im Nebensatz *-urus sit*. → nachzeitiges Zeitverhältnis

qui parat (Z. 10): Gleichzeitigkeit
Im Hauptsatz steht Präsens, im Nebensatz auch: Es liegt ein gleichzeitiges Zeitverhältnis zum Hauptsatz vor.

qui ... paravit (Z. 9/10); *qui ... removit* (Z. 12): Vorzeitigkeit
Im Hauptsatz steht jeweils Präsens *(delectatur)*, im Nebensatz Perfekt *(paravit, removit)*. → VZ

cum pingeret (Z. 13): Gleichzeitigkeit
Im Hauptsatz steht mit *fruebatur* (Imperfekt) ein Nebentempus, der Nebensatz ist gleichzeitig zum Hauptsatz. Daher steht im Nebensatz Konjunktiv Präsens *(pingeret)*.

b *faciendarum*: attributives Gerundiv im Gen. Pl. f. von *facere*

> Das Bezugswort zu *faciendarum* ist *amicitiarum* (KNG-Kongruenz). Abhängig ist diese Gerundivkonstruktion von *artifex*.

ama: Imperativ von *amare*

metentem: PPA im Akk. Sg. m. von *metere*

> Beachten Sie: PPA-Formen werden nach der konsonantischen Deklination dekliniert, PPP-Formen hingegen nach der a- und o-Deklination.

c Der Irrläufer in der ersten Reihe ist *opere* (Abl. Sg.), da alle anderen Formen im Infinitiv stehen und nur *opere* eine Substantivform ist.

> Bei *amari* liegt ein Infinitiv Präsens Passiv, bei *facere* ein Infinitiv Präsens Aktiv und bei *pinxisse* ein Infinitiv Perfekt Aktiv vor.

In der zweiten Reihe ist der Irrläufer *aeque*, da es sich hierbei um ein Adverb handelt, bei allen anderen Formen hingegen um Substantivformen.

> Bei *amico*, *potestate* und *carmine* handelt es sich jeweils um Substantive im Abl. Sg.

d Ita sapiens se contentus est, non ut velit esse sine amico, sed ut possit. Amissum (aequo animo) fert.

> Beachten Sie, dass *ut* hier mit Konjunktiv steht. Ergänzen Sie *esse sine amico* auch bei *ut possit*.

Sine amico, quidem numquam erit:
In (sua potestate) habet, quam cito reparet.
Quomodo si perdiderit Phidias statuam, protinus alteram faciet,
sic hic (faciendarum amicitiarum) artifex

> Beachten Sie, dass *quam* hier *wie* bedeutet.
>
> *perdiderit*: Futur II
>
> *faciendarum amicitiarum*: attributives Gerundiv

substituet alium in locum amissi. Quaeris, quomodo amicum cito (facturus sit). Hecaton ait: „Ego tibi monstrabo amatorium sine medicamento, sine herba, sine (ullius veneficae) carmine:
Si vis amari, ama." Habet autem non tantum usus (amicitiae veteris et certae) (magnam voluptatem), sed etiam initium et (comparatio novae).

Quod interest inter metentem agricolam et serentem, hoc inter eum, qui amicum paravit, et qui parat.

(Attalus philosophus) dicere solebat iucundius esse amicum facere quam habere, „quomodo

artifici iucundius pingere est quam pinxisse.": Non aeque delectatur, qui (ab opere perfecto) removit manum.
Iam fructu (artis suae) fruitur: ipsa fruebatur arte, cum pingeret. Fructuosior est adulescentia

liberorum, sed infantia dulcior.

!

amissi: Ergänzen Sie *amici.*

Quaeris leitet einen abhängigen Fragesatz ein, der den Konjunktiv nach sich zieht (*facturus sit*).

Beachten Sie, dass *vis* hier eine Verbform und kein Substantiv ist.
ama = Imperativ
Ergänzen Sie nach *novae:*
habent magnam voluptatem

metentem ... serentem agricolam: PC
Ergänzen Sie die in Klammern stehenden Wörter:
hoc inter eum (interest), qui amicum paravit, et (eum), qui (amicum) parat.

Von *dicere* ist ein AcI abhängig: *iucundius* = Komparativ im Akk. Sg. n.; der Infinitiv (*iucundius*) *esse* wird zum Prädikat, die Infinitive (*amicum*) *facere* und *habere* treten an die Stelle des Subjekts.

iucundius: Komparativ
Ergänzen Sie *is* vor *qui.*

Frui hat den Ablativ bei sich.

Beachten Sie, dass *cum* hier mit Konjunktiv steht.
Fructuosior: Komparativ im Nom. Sg. f., in KNG-Kongruenz zu *adulescentia*

Ergänzen Sie *est* zu *dulcior.*
dulcior: Komparativ im Nom. Sg. f., in KNG-Kongruenz zu *infantia*

Übersetzung:

Der Weise genügt sich in der Weise selbst (*wörtlich:* ist so mit sich zufrieden), dass er nicht ohne Freund sein will, sondern dass er dies kann. Den Verlust (*ergänzen Sie:* eines Freundes) (*wörtlich:* einen verlorenen Freund) erträgt er mit Gleichmut. Ohne Freund wird er allerdings niemals sein: Es steht in seiner Macht, wie schnell er wieder einen erwirbt. Wie Phidias, wenn er eine Statue verloren hat, sofort eine zweite machen wird, so wird dieser Künstler im Schließen (*wörtlich:* Machen) von Freundschaften einen anderen an die Stelle des Verlorenen (*gemeint:* des verlorenen Freundes) setzen. Du fragst, wie er schnell einen Freund gewinnen wird? Hecaton sagte: „Ich werde dir einen Liebestrank ohne Gift, ohne (Zauber-)Kraut und ohne (Zauber-)Spruch irgendeiner Hexe (*alternativ:* Giftmischerin) zeigen: Wenn du geliebt werden willst, so liebe!" Aber nicht nur der Umgang mit einer alten und zuverlässigen Freundschaft birgt (*wörtlich:* hat) große Freude, sondern auch der Anfang und die Schaffung einer neuen (*ergänzen Sie:* bergen große Freuden). Der (*wörtlich:* dieser) Unterschied, der zwischen einem erntenden Bauern und einem säenden besteht, dieser (*ergänzen Sie:* besteht) auch zwischen dem, der (*ergänzen Sie:* sich) einen Freund geschaffen hat, und dem, der (sich ihn) schafft. Der Philosoph Attalus pflegte zu sagen, es sei erfreulicher, sich einen Freund zu schaffen als einen zu haben, „wie es für einen Künstler erfreulicher ist, zu malen als gemalt zu haben.": Es wird nicht derjenige in gleicher Weise erfreut, der seine Hand von einem vollendeten Werk zurückgezogen hat. Nun genießt er den Erfolg (*wörtlich:* die Frucht) seiner Kunst: Die Kunst selbst genoss er, als er malte. Reicher an Früchten ist die Jugendzeit der Kinder, aber lieblicher die Kindheit.

Text 16: Wie wird man weise?

Seneca belehrt seinen Briefpartner Lucilius, welche Haltungen ein wahrer Weiser besitzen muss – und dass er offensichtlich noch keiner ist ...

Docebo, quemadmodum intellegas te non esse sapientem. Sapiens ille plenus est gaudio, hilaris et placidus, inconcussus; cum dis ex pari vivit. Nunc ipse te consule: si numquam maestus es, si nulla spes animum tuum futuri exspectatione sollicitat, si per dies noctesque par et aequalis animi tenor (...)
5 est, pervenisti ad humani boni summam; sed si appetis voluptates et undique et omnes, scito tantum tibi ex sapientia quantum ex gaudio deesse. Ad hoc cupis pervenire, sed erras, qui inter divitias illuc venturum esse te speras, inter honores; id est gaudium inter sollicitudines quaeris: ista, quae sic petis tamquam datura laetitiam ac voluptatem, causae dolorum sunt. Omnes,
10 inquam, illo tendunt ad gaudium, sed unde stabile magnumque consequantur ignorant: ille ex conviviis et luxuria, ille ex ambitione et circumfusa clientium turba, ille ex amica, alius ex studiorum liberalium vana ostentatione et nihil sanantibus litteris – omnes istos oblectamenta fallacia et brevia decipiunt.

Sen. ep. 6, 59 (Auszug)   *148 lat. Wörter*

2   inconcussus, -a, -um: unerschütterlich
     ex pari: auf gleicher Ebene
4   tenor, -oris (m.): *hier:* Haltung
10 illo: *ergänzen Sie:* loco; *zu übersetzen wie:* illa via

Im Fokus
AcI (= Accusativus cum Infinitivo)

Der **AcI** hängt von einem übergeordneten Verb ab. Das **Subjekt** des AcI erscheint im **Akkusativ**, das **Prädikat** im **Infinitiv**. Grundsätzlich können im AcI alle Infinitive vorkommen.

- Der **Infinitiv Präsens** gibt die **Gleichzeitigkeit** der AcI-Handlung zum Hauptverb an.
  Beispiel: *Servus nuntiat convivas appropinquare.* – Der Sklave meldet, dass die Gäste sich nähern.

- Der **Infinitiv Perfekt** gibt die **Vorzeitigkeit** der AcI-Handlung zum Hauptverb an.
  Beispiel: *Servus nuntiat convivas iam domo exisse.* – Der Sklave meldet, dass die Gäste schon aus dem Haus gegangen seien.

- Der **Infinitiv Futur** gibt die **Nachzeitigkeit** der AcI-Handlung zum Hauptverb an.
  Beispiel: *Servus nuntiat convivas brevi adventuros esse.* – Der Sklave meldet, dass die Gäste bald eintreffen werden.

Personal- und Possessivpronomina der 3. Person, die sich auf das **Subjekt** zum einleitenden Verb beziehen, werden **reflexiv**.
Beispiel: *Marcus narrat se sero advenisse.* – Markus erzählt, er sei spät angekommen.
Bezieht sich das Pronomen auf eine **dritte Person**, so steht das **Demonstrativpronomen**.
Beispiel: *Pater queritur eum sero advenisse.* – Der Vater beklagt, dass er (Markus!) spät angekommen sei.

Der AcI steht nach:

- **Verba dicendi** (Beispiel: *dicere, negare, tradere*)
- **Verba sentiendi** (Beispiel: *audire, animadvertere, sentire*)
- **Verba affectus** (Beispiel: *gaudere, dolere*)
- **unpersönlichen Verben** (Beispiel: *constat, oportet, necesse est*)

Ein Infinitiv kann auch außerhalb eines AcI als **Subjekt** oder als **Objekt** auftreten:

- Der Infinitiv steht als **Subjekt** z. B. bei *esse* in Verbindung mit einem Prädikatsnomen:
  Beispiel: *Pulchrum est itinera facere.* – Es ist schön, zu reisen.
  Oder bei unpersönlichen Ausdrücken wie *necesse est*:
  Beispiel: *Necesse est parentibus parere.* – Es ist nötig, den Eltern zu gehorchen.
- Der Infinitiv steht als **Objekt** bei Verben wie *posse, velle* etc., die eine Ergänzung benötigen:
  Beispiel: *Domum ire cupit.* – Er wünscht sich, nach Hause zu gehen.

Aufgaben

a Identifizieren Sie drei AcI-Konstruktionen innerhalb des lateinischen Textes und tragen Sie die Bestandteile in folgende Tabelle ein.

einleitendes Verb	Akkusativ	Infinitiv	Zeitverhältnis

b Erklären Sie, weshalb an folgenden Stellen ein Konjunktiv vorliegt.
   intellegas (Z. 1): _____
   consequantur (Z. 10): _____

c Bestimmen Sie folgende lateinische Formen und geben Sie an, worunter Sie diese im Wörterbuch nachschlagen können.
   circumfusa (Z. 11): _____
   sanantibus (Z. 13): _____
   fallacia (Z. 13): _____

d Erstellen Sie ein Sachfeld zum Thema „Gefühle/Stimmung/Wünsche" mit lateinischen Begriffen aus dem Text.

e Erstellen Sie abschließend eine flüssige Übersetzung ins Deutsche.

Text 17: Herrsche maßvoll!

Seneca führt Kaiser Nero vor, wie die Herrschaft in gerechter Weise ausgeübt werden soll:

In magna imperia ex minoribus petamus exemplum. Non unum est imperandi genus; imperat princeps civibus suis, pater liberis, praeceptor discentibus, tribunus vel centurio militibus. Nonne pessimus pater videbitur, qui adsiduis plagis liberos etiam ex levissimis causis compescet? Uter autem praeceptor
5 liberalibus studiis dignior, qui excarnificabit discipulos, si memoria illis non constiterit aut si parum agilis in legendo oculus haeserit, an qui monitionibus et verecundia emendare ac docere malit? Tribunum centurionemque da saevum: desertores faciet, quibus tamen ignoscitur. (...)
Servis imperare moderate laus est. Et in mancipio cogitandum est, non
10 quantum illud impune possit pati, sed quantum tibi permittat aequi bonique natura, quae parcere etiam captivis et pretio paratis iubet. Quanto iustius iubet hominibus liberis, ingenuis, honestis non ut mancipiis abuti, sed ut his, quos gradu antecedas quorumque tibi non servitus tradita sit, sed tutela.

Sen. clem. 16–18 (mit Auslassungen) 133 lat. Wörter

1 imperia: *hier:* Herrschaftsverhältnisse
  minoribus: *ergänzen Sie:* imperiis
3 pessimus pater = *ergänzen Sie* iste *vor* pessimus pater
5 excarnificare: zu Tode foltern
9 mancipium, -i (n.): Sklaverei

Im Fokus
Gerundium – Gerundiv(um)

Gerundium
Das Gerund ist ein **Verbalsubstantiv**, das einen sich vollziehenden **Vorgang** beschreibt.
Beispiel: *ars legendi* – die Kunst des Lesens
Es kann im Deutschen folgendermaßen wiedergegeben werden:

- durch den **substantivierten Infinitiv**
  Beispiel: *ars pingendi* – die Kunst des Malens

- durch den **Infinitiv mit „zu"**
  Beispiel: *occasio fugiendi* – die Gelegenheit zu fliehen

- durch ein **Substantiv** (oft ein Verbalsubstantiv auf -ung)
  Beispiel: *facultas rem perficiendi* – die Möglichkeit der Durchführung der Sache

Gerundiv(um)
Das Gerundiv ist ein **Verbaladjektiv** mit **passiver Bedeutung**. Es kann einen sich vollziehenden Vorgang, eine Notwendigkeit oder den Zweck einer Handlung bezeichnen.
Beispiel: *in conservanda re publica* – beim Bewahren des Staates

Bei **attributiver Verwendung** bezeichnet das Gerundiv einen sich vollziehenden Vorgang und ist damit gleichbedeutend mit dem Gerundium.
Beispiel: Gerundiv: *consilium Italiae relinquendae* – der Plan, Italien zu verlassen
            = Gerundium: *consilium Italiam relinquendi*

Das attributiv verwendete Gerundiv kann wie das Gerundium wiedergegeben werden:

- In Verbindung mit *esse* bezeichnet das Gerundiv eine **Notwendigkeit**. Es wird dabei gebraucht wie ein **Prädikatsnomen**.
  Beispiel: *Epistula scribenda est.* – Der Brief muss geschrieben werden.

- Die **Person**, von der etwas getan werden muss bzw. nicht getan werden darf, steht im **Dativus auctoris** und kann mit „von" wiedergegeben werden. Schöner ist die **Umformung ins Aktiv**.
  Beispiel: *Epistula tibi scribenda est.* – Von dir muss ein Brief geschrieben werden.
          (schöner: Du musst einen Brief schreiben.)

- Bei unpersönlichem Gebrauch des Gerundivs:
  Beispiel: *Veniendum est.* – Man muss kommen.
          Veniendum non est. – Man darf nicht kommen.

Aufgaben

a Prüfen Sie, um welche Form es sich jeweils handelt.

Formen			
imperandi (Z. 1)	☐ Gerundium	☐ prädikatives Gerundiv	☐ attributives Gerundiv
legendo (Z. 6)	☐ Gerundium	☐ prädikatives Gerundiv	☐ attributives Gerundiv
cogitandum (Z. 9)	☐ Gerundium	☐ prädikatives Gerundiv	☐ attributives Gerundiv

b Nennen Sie die Formen folgender lateinischer Wörter, unter denen Sie im Wörterbuch nachschlagen müssen. Geben Sie die passende deutsche Bedeutung an.

discentibus (Z. 2): _____

levissimis (Z. 4): _____

desertores (Z. 8): _____

c Ergänzen Sie folgendes Sachfeld zum Thema „Erziehung/Unterricht" mit entsprechenden lateinischen Wörtern aus dem Text.

d Ordnen Sie die lateinischen Adjektivformen in die richtige Spalte ein.
minoribus (Z. 1) – *pessimus* (Z. 3) – *adsiduis* (Z. 3) – *levissimis* (Z. 4) – *liberalibus* (Z. 5) – *agilis* (Z. 6) – *liberis* (Z. 12) – *ingenuis* (Z. 12) – *honestis* (Z. 12)

Positiv	Komparativ	Superlativ

e Übersetzen Sie den Text in angemessenes Deutsch.

Cicero

Text 18: Lust und Schmerz nach Epikur

In seinem Werk „Tusculanae disputationes" setzt sich Cicero mit den gängigen philosophischen Richtungen und ihren Haltungen zu zentralen Fragen auseinander. Im folgenden Textabschnitt geht es um die Frage nach dem menschlichen Glück. Cicero referiert die Antwort, die die Epikureer hierzu gaben. Zuvor aber spricht er Epikur direkt an:

Ad bona me si revocas, Epicure, pareo, sequor, utor te ipso duce, obliviscor etiam malorum, ut iubes. (...) Sed traducis cogitationes meas ad voluptates. Quas? Corporis, credo. Num quid est aliud? Rectene interpretor sententiam tuam? (...) Hoc ille acriculus me audiente Athenis senex Zeno, istorum
5 acutissimus, contendere et magna voce dicere solebat: eum esse beatum, qui praesentibus voluptatibus frueretur confideretque se fruiturum aut in omni aut in magna parte vitae dolore non interveniente, aut si interveniret, futurum brevem, si summus foret, sin productior, plus habiturum iucundi quam mali. Haec cogitantem fore beatum, praesertim cum et ante perceptis bonis
10 contentus esset et nec mortem nec deos extimesceret. Habes formam Epicuri vitae beatae verbis Zenonis expressam, nihil ut possit negari.

Cic., Tusc. 3, 37–38 (mit Auslassungen)   116 lat. Wörter

4   Athenis: *Ortsangabe zu* me audiente
    Zeno, Zenonis: Zenon *(griechischer Philosoph, Anhänger des Epikur, Lehrer des Cicero)*
9   ante: *hier:* Adverb

Im Fokus
Oratio obliqua (indirekte Rede)

Die Oratio recta (direkte Rede) gibt eine Äußerung unmittelbar im Wortlaut wieder (markiert durch Anführungszeichen).
Die Oratio obliqua dagegen bezeichnet die **abhängige/indirekte Rede**: Sie gibt die **Äußerungen (Gedanken, Meinung) einer dritten Person** mittelbar wieder.

- Die *Oratio obliqua* ist abhängig von einem (ausdrücklich genannten oder zu ergänzenden) **Verbum dicendi** (gegebenenfalls auch **sentiendi**).
  Beispiel: <u>Dicit</u> eam aegram esse. – <u>Er sagt</u>, sie sei krank.
- Dieses übergeordnete Verb erscheint in der Regel nur **am Anfang** eines Abschnittes in indirekter Rede.

Übersetzungsmöglichkeiten
- In der Regel wird die *Oratio obliqua* im Deutschen im **Konjunktiv I** wiedergegeben.
  Beispiel: *Eam aegram esse.* – Sie <u>sei</u> krank.

Besonderheiten

- Pronomina der 1. Person *(ego, nos)* werden in **Reflexivpronomina** verwandelt.
  Beispiel: **direkte Rede:** *(Dixit:) „Iis auxilio veniam."* – (Er sagte:) „<u>Ich</u> werde ihnen helfen."
  indirekte Rede: *(Dixit)* <u>se</u> *iis auxilio venturum esse.* – (Er sagte,) <u>er</u> werde ihnen helfen.

- Pronomina, die sich auf die sprechende(n) Person(en) beziehen, werden reflexiv *(sui, sibi, se;* entsprechend Possessivpronomina: *suus, -a, -um).*
  Beispiel: **direkte Rede:** *(Mater dixit:) „Filia mea mihi cordi est."* – (Die Mutter sagte:) „Meine Tochter liegt mir am Herzen."
  indirekte Rede: *(Mater dixit) filiam* <u>suam</u> <u>sibi</u> *cordi esse.* – (Die Mutter sagte,) ihre Tochter liege ihr am Herzen.

- Diese können durch Formen von *ipse, ipsa, ipsum* verstärkt werden.
  Beispiel: **direkte Rede:** *(Amica dixit:) „Ego puto …"* – (Die Freundin sagte:) „Ich glaube, …"
  indirekte Rede: *(Amica dixit)* <u>se ipsam</u> *putare …* – (Die Freundin sagte,) sie glaube, …

- Als Pronomina zur Bezeichnung der **angeredeten 2. Person** sowie **dritter Personen** dienen *is, ea, id* bzw. *ille, illa, illud.*
  Beispiel: **direkte Rede:** *(Magister imperavit:) „Venite omnes!"* – (Der Lehrer ordnete an:) „Kommt alle!"
  indirekte Rede: *(Magister imperavit,) (ut) ii omnes venirent.* – (Der Lehrer ordnete an,) sie sollten alle kommen.

Tempusgebrauch

Der **Tempusgebrauch** für die im Konjunktiv stehenden Nebensätze folgt den Regeln der *Consecutio temporum*.

Modi

- Im **AcI** (Verneinung: *non*) stehen **Hauptsätze**, die **Aussagen** enthalten.
  Beispiel: **direkte Rede:** „*Marcus fortis est.*" – „Markus ist tapfer."
  indirekte Rede: *(Narrat) Marc<u>um</u> fort<u>em</u> <u>esse</u>.* – (Er erzählte,) Markus sei tapfer.

- Im **Konjunktiv** (evtl. durch *ut* verstärkt; Verneinung: *ne*) stehen **Hauptsätze**, die Folgendes enthalten: eine **Bitte**/einen **Wunsch**, einen **Befehl**, ein Verbot.
  Beispiel: **direkte Rede:** *(Imperavit:) „Redite!"* – (Er befahl:) „Kehrt zurück!"
  indirekte Rede: *(Imperavit,) (ut) redirent.* – (Er befahl,) Sie sollten zurückkehren.

- **Rhetorische Fragen** stehen in der *Oratio obliqua* im *AcI*.
  Beispiel: **direkte Rede:** *(Magister:) „Quis hoc ignorat?"* – (Der Lehrer fragt:) „Wer weiß das nicht?"
  indirekte Rede: *(Magister miratus est:)* <u>Quem</u> *hoc* <u>ignorare</u>? – (Der Lehrer wunderte sich:) Wer wisse das nicht?

- **(Tatsächliche) Fragen** stehen in der *Oratio obliqua* im **Konjunktiv**.
  Beispiel: direkte Rede: *(Mater:) „Quando redibis, Marce?"* – (Die Mutter fragt:) „Wann wirst du zurückkehren, Markus?"
  indirekte Rede: *(Mater rogavit,) quando Marcus rediret.* – (Die Mutter fragte,) wann Markus zurückkehren werde/zurückkehre.
- Alle **Nebensätze** stehen in der *Oratio obliqua* im **Konjunktiv**.
  Beispiel: direkte Rede: *(Mater:) „Quia sero redis, tibi irascor, Marce!"* – (Die Mutter sagt:) „Weil du zu spät zurückkommst, zürne ich dir, Markus!"
  indirekte Rede: *(Mater) dixit se Marco irasci, quia sero rediret.* – (Die Mutter sagte,) sie zürne (dem) Markus, weil er zu spät zurückkomme.

Aufgaben

a Bestimmen Sie folgende Formen genau. Überprüfen Sie, welche davon Teil eines Ablativus absolutus sind.

audiente (Z. 4): _____

interveniente (Z. 7): _____

cogitantem (Z. 9): _____

perceptis (Z. 9): _____

expressam (Z. 11): _____

b Bestimmen Sie den Kasus folgender Formen und erklären Sie seine Verwendung.

te (Z. 1): _____

malorum (Z. 2): _____

Athenis (Z. 4): _____

voluptatibus (Z. 6): _____

iucundi/mali (Z. 8): _____

Epicuri (Z. 10): _____

vitae beatae (Z. 11): _____

c Die Formen *acriculus* (Z. 4) und *acutissimus* (Z. 5) leiten sich von zwei Adjektiven derselben Wortfamilie ab. Klären Sie mithilfe des Lexikons die Lernformen der Wörter, die Bedeutungsunterschiede und die genaue Ableitung von *acriculus*. Bestimmen Sie die Form *acutissimus*.

Cicero: Geführte Übersetzung | 101

d Ermitteln Sie die treffendste Wortbedeutung an der jeweils vorliegenden Textstelle.

contendere (Z. 5): _____

formam (Z. 10): _____

e Analysieren Sie nach einer Ihnen geläufigen Methode das Satzgefüge von *eum esse* (Z. 5) bis *quam mali* (Z. 8).

f Markieren Sie innerhalb der Oratio obliqua die Haupt- und Nebensätze. Erschließen Sie in diesem Zusammenhang die grammatikalische Besonderheit bei:

fruiturum (Z. 6): _____

futurum (Z. 7): _____

habiturum (Z. 8): _____

g Klären Sie die Bezüge der Wortformen zwischen *in magna parte* bis *interveniente* (Z. 7).

_____

_____

h Erklären Sie die Form von *Haec* (Z. 9) und die Wortart von *ante* (Z. 9).

_____

_____

i Übersetzen Sie den Text in angemessenes Deutsch.

Geführte Lösung

a *audiente:* PPA, Abl. Sg. aller Genera (hier: m.); bildet mit *me* einen Abl. abs.

! Beachten Sie das Zeitverhältnis bei der Übersetzung: Ein PPA drückt die Gleichzeitigkeit zum Hauptsatz aus.

interveniente: PPA, Abl. Sg. aller Genera (hier: m.); bildet mit *dolore* einen Abl. abs.

s. o.

cogitantem: PPA, Akk. Sg. m. oder f. (hier: m., da in Kongruenz zu *beatum*)

> Es liegt ein PC vor; das Bezugswort zu *cogitantem* muss gedanklich ergänzt werden: Der, der dies .../ Jemand, der dies ...

perceptis: PPP, Dat. oder Abl. Pl. aller Genera, hier: Abl. Pl. n., Bezugswort: *bonis*

> Hier liegt kein Abl. abs. vor. Der Ablativ ist bedingt durch *contentus*.

expressam: PPP, Akk. Sg. f., Bezugswort: *formam*

> *formam ... expressam:* PC

b *te:* Ablativ als Objekt: *Uti* zieht den Ablativ nach sich.
malorum: Genitiv als Objekt: *Oblivisci* zieht den Genitiv nach sich.

> *Oblivisci* gehört zu den Verben des Vergessens und Erinnerns, die den Genitiv bei sich haben.

Athenis: Ablativ des Ortes (Abl. loci)

> Bei Eigennamen von Städten steht der Abl. loci ohne Präposition.

voluptatibus: Ablativ als Objekt: *Frui* hat den Ablativ bei sich.

iucundi/mali: Gen. partitivus, abhängig von *plus*.

Epicuri: Gen. subiectivus bzw. possessivus

vitae beatae: Gen. obiectivus, abhängig von *formam*.

c Beide stammen aus der gleichen Wortfamilie wie *acer, acris, acre*.
- *acriculus, -a, -um* ist eine Deminutivform und bedeutet „hitzig, reizbar"
- *acutissimus* ist die Superlativform zu *acutus, -a, -um*, das die Grundbedeutungen „spitz, scharf, scharfsinnig" hat

d *contendere* → behaupten
formam → die Vorstellung

e *eum esse beatum*
        qui ... confideretque se fruiturum ... aut
            si interveniret
        futurum brevem
            si summus foret
            sin productior
        plus habiturum ... mali

> Achten Sie bei einer Satzanalyse auf mögliche Subjunktionen bzw. einen Nebensatz einleitende Pronomina, um Nebensätze zu identifizieren.

f **Hauptsatz:** *eum esse beatum* (Z. 5)
Nebensätze: beginnend mit *qui* (Z. 5)/*aut si*/ *si* (Z. 7/8)/*sin productior* (Z. 8)
Bei den gefragten PFA-Formen *fruiturum* (Z. 6), *futurum* (Z. 7) und *habiturum* (Z. 8) handelt es sich eigentlich um Bestandteile eines Infinitiv Futur, jedoch ist *esse* entfallen.

g Die Formen *magna* und *parte* beziehen sich aufeinander. Von dieser Wortverbindung ist der Genitiv *vitae* abhängig. Ebenso beziehen sich *dolore* und *interveniente* aufeinander.

> Der Ablativ *magna parte* ist bedingt durch *in*.
> Bei *dolore ... interveniente* liegt ein Abl. abs. vor.

h *Haec:* Akk. Pl. n.
ante: Adverb

> *Haec* ist das Akkusativobjekt zu *cogitantem* und kann daher nicht Nom. Sg. f. sein.

i Ad bona me si revocas, Epicure, pareo, sequor, utor (te ipso duce), obliviscor etiam malorum, (ut) iubes. (...)

> *Uti* steht mit Ablativ, *oblivisci* mit Genitiv.
> Beachten Sie, dass *ut* hier mit Indikativ steht.

Sed traducis (cogitationes meas) ad voluptates. Quas? Corporis, credo.

> *Corporis:* Ergänzen Sie *cogitationes*.

Num quid est aliud?

> Wird eine Frage mit *Num* (= etwa) eingeleitet, wird die Antwort „nein" erwartet.
> *-ne* bleibt unübersetzt.

Rectene interpretor sententiam tuam? (...)
Hoc ille acriculus me audiente Athenis senex Zeno, istorum acutissimus, contendere et (magna voce) dicere solebat:

> *Hoc:* Akk. zu *contendere*
> Lesen Sie: *me Athenis audiente*

eum esse beatum, qui
(praesentibus voluptatibus) frueretur

confideretque se fruiturum aut in omni aut in (magna parte) vitae

dolore non interveniente, aut si interveniret,

futurum brevem,
si summus foret, sin productior,

plus habiturum iucundi quam mali.

Haec cogitantem fore beatum, praesertim cum et

ante (perceptis bonis) contentus esset et nec mortem nec deos extimesceret.
Habes formam Epicuri (vitae beatae) verbis Zenonis expressam,

---

eum esse beatum: Hauptsatz der Oratio obliqua im AcI
frueretur + confideret: Konjunktiv, da es sich um einen Nebensatz innerhalb der Oratio obliqua handelt.
Frui steht mit Ablativ.

Confideret leitet einen AcI ein: Der Akkusativ *se* wird zum Subjekt, der Infinitiv *fruiturum (esse)* zum Prädikat.
omni: Ergänzen Sie *parte.*

dolore ... interveniente: Abl. abs.
Bei negiertem Partizip kann auch mit „ohne dass" übersetzt werden.

futurum: + *esse*

foret = futurus esset
productior: Komparativ, es ist wieder *foret* zu ergänzen.

habiturum: Ergänzen Sie *esse*; Hauptsatz der Oratio obliqua.
Bei *iucundi/mali* liegt ein Gen. partitivus vor, der abhängig von *plus* ist.

Haec ... beatum: Hauptsatz der Oratio obliqua
Haec: Akk. zu *cogitantem*

Contentus zieht den Ablativ nach sich.

Epicuri: Gen. subiectivus bzw. possessivus
vitae beatae: Gen. obiectivus, abhängig von *formam*
formam ... expressam: PC: Hier am besten wörtlich zu übersetzen.

nihil ut possit negari.

> **!**
> Beachten Sie, dass *ut* hier mit Konjunktiv steht.
> *Nihil* muss in den *ut*-Satz hineingezogen werden.

Übersetzung:
Wenn du mich zu den Gütern rufst, Epikur, gehorche ich, folge ich dir und bediene mich deiner als Führer (*wörtlich:* nutze ich dich als Führer), ich vergesse sogar die Übel, wie du (es) befiehlst. (…) Aber du lenkst (*wörtlich:* führst) meine Gedanken zu den Genüssen. Welche? Die des Körpers, meine ich. Ist es etwa etwas anderes? Deute ich deine Lehre richtig? Dies pflegte jener etwas hitzige alte Zenon, der scharfsinnigste von diesen, zu behaupten, als ich ihm in Athen zuhörte, und mit lauter Stimme zu sagen: Derjenige sei glücklich, der sich an gegenwärtigen Genüssen erfreue und darauf vertraue, dass er sie im ganzen oder (doch) in einem großen Teil seines Lebens genießen werde, ohne dass ein Schmerz ihn (daran) hindere (*wörtlich:* wenn kein Schmerz dazwischenkomme), oder dass er, wenn einer dazwischenkomme, kurz sein werde, wenn er sehr stark sei, (oder) wenn er aber länger dauere (*wörtlich:* sei), er mehr Angenehmes als Schlechtes (an sich) haben werde. Wer dies bedenke (*wörtlich:* Derjenige, der dies bedenke), werde glücklich sein, zumal wenn er mit den vorher erhaltenen Gütern zufrieden sei und (*wörtlich:* sowohl … als auch) sich weder vor dem Tod noch vor den Göttern fürchte. Da hast du (*wörtlich:* Du hast) die Vorstellung Epikurs von einem glücklichen Leben ausgedrückt in den Worten Zenons, sodass nichts davon bestritten werden kann.

Text 19: Schrittweise Erkenntnis des eigenen Wesens

Die Erkenntnis des eigenen Wesens ist ein hohes Ziel, auf das sich der Mensch im Laufe seines Lebens erst hin entwickelt:

Si, ut initio dixi, simulatque ortus esset, se quisque cognosceret iudicareque posset, quae vis et totius esset naturae et partium singularum, continuo videret, quid esset hoc, quod quaerimus, omnium rerum summum et ultimum. Nunc vero a primo quidem mirabiliter occulta natura est nec perspici
5 nec cognosci potest. Progredientibus autem aetatibus sensim tardeve potius nosmet ipsos cognoscimus. Itaque prima illa commendatio incerta et obscura est, primusque ille appetitus animi tantum agit, ut salvi atque integri esse possimus. Cum autem dispicere coepimus et sentire, quid simus et quid ab animantibus ceteris differamus, tum ea sequi incipimus, ad quae nati sumus.
10 (…) Quae similitudo in genere etiam humano apparet. Parvi enim primo ortu sic iacent, tamquam omnino sine animo sint. Cum autem paulum firmitatis accessit, et animo utuntur et sensibus conitunturque, ut sese erigant, et manibus utuntur et eos agnoscunt, a quibus educantur. Deinde aequalibus delectantur libenterque se cum iis congregant (…).

Cic. fin. 5, 41–42 (mit Auslassungen)   147 lat. Wörter

2 continuo: sofort
10 primo: unmittelbar bei/nach

Im Fokus
Abhängige (indirekte) Fragesätze

Abhängige (**indirekte**) Fragen stehen nach Verben des Fragens, Sagens, Zweifelns und (Nicht-)Wissens. Ihr Modus ist der **Konjunktiv**.

- Abhängige **Wortfragen** werden durch ein Fragewort eingeleitet.
  Beispiel: *Narra mihi, quid heri egeris.* – Erzähl mir, was du gestern getan hast.
- Abhängige **Satzfragen** werden durch **-ne** oder **num** (ob) eingeleitet.
  Beispiel: *Dic mihi, num pater abierit.* – Sag mir, ob der Vater weggegangen ist.
- Abhängige **Doppelfragen** enthalten meist zwei kombinierte **Fragepartikeln**:

  utrum … an
  -ne … an   } ob – oder

  utrum … necne
  -ne … necne   } ob – oder nicht

Beispiele: Ex matre quaero, <u>utrum</u> amici Romae sint <u>an</u> ruri / <u>necne</u>. –
Ich frage die Mutter, ob die Freunde in Rom sind oder auf dem Land / oder nicht.
Ex matre quaero, amici<u>ne</u> Romae sint <u>an</u> ruri / <u>necne</u>. –
Ich frage die Mutter, ob die Freunde in Rom sind oder auf dem Land / oder nicht.

Besonderheiten

- Nach verneinten Ausdrücken des Zweifelns bedeutet *quin* „dass".
  non dubitare, quin   nicht daran zweifeln, dass
  Beispiel: Nemo dubitat, quin veritas bonum sit. –
  Niemand zweifelt daran, dass die Wahrheit ein Gut ist.

Aufgaben

a Klären Sie die Wortbedeutung der Subjunktionen *ut* (Z. 1) und *simulatque* (Z. 1).

b Erklären Sie, weshalb in folgenden Fällen der Konjunktiv steht.
ortus esset (Z. 1): _____
cognosceret/posset (Z. 1/2): _____
esset (Z. 3): _____
possimus (Z. 8): _____
simus/differamus (Z. 8/9): _____

c Nennen Sie die Wortbedeutung von *quisque* (Z. 1) und grenzen Sie diese von *quidem* in Z. 4 ab. Bestimmen Sie dabei auch jeweils die Wortart.

d Klären Sie die Bezüge der Wortformen zwischen *quid esset hoc ...* (Z. 3) und *summum et ultimum* (Z. 3/4). Verändern Sie für Ihre Übersetzung bei Bedarf die Wortstellung.

e Überlegen Sie eine etwas freiere Übersetzung für *a primo* (Z. 4).

f Bestimmen Sie die Formen *perspici* (Z. 4) bzw. *cognosci* (Z. 5).

g Klären Sie die grammatikalische Konstruktion, die bei *progredientibus ... aetatibus* (Z. 5) vorliegt, und überlegen Sie bei der Übersetzung, wie der Plural am treffendsten im Deutschen wiederzugeben ist.

h Ermitteln Sie die treffendste Übersetzung folgender Formen an der jeweiligen Textstelle.

agit (ergänzen Sie: *id*) (Z. 7): _____

tantum (Z. 7): _____

i *Quid* (Z. 3 und Z. 8) kann nicht beide Male auf die gleiche Weise übersetzt werden. Überlegen Sie, wie die treffende Übersetzung von *quid* in Z. 8 lauten muss.
Klären Sie in diesem Zusammenhang auch die passende Übersetzung von *differamus* (Z. 9).

j Bestimmen Sie die jeweilige Form von *ea* und *ad quae* (Z. 9) und leiten Sie hieraus die treffende deutsche Übersetzung ab.

k Übersetzen Sie den Text in angemessenes Deutsch.

Text 20: Die Macht der Vernunft

In seiner rechtsphilosophischen Schrift „De legibus" präsentiert Cicero eine stark an den Gedanken der Stoa orientierte Sichtweise des Gesetzes. Auch die Gedanken über das Wesen der Vernunft in folgendem Text sind stoisch beeinflusst:

Sit igitur hoc iam a principio persuasum civibus, dominos esse omnium rerum ac moderatores deos, eaque, quae gerantur, eorum geri iudicio ac numine, eosdemque optime de genere hominum mereri. (…)
His enim rebus inbutae mentes haud sane abhorrebunt ab utili aut a vera
5 sententia. Quid est enim verius quam neminem esse oportere tam stulte adrogantem, ut in se rationem et mentem putet inesse, in caelo mundoque non putet? Aut ut ea, quae vix summa ingenii ratione comprehendantur, nulla ratione moveri putet? Quomque omnia, quae rationem habent, praestent iis, quae sint rationis expertia, nefasque sit dicere ullam rem praestare naturae
10 omnium rerum, rationem inesse in ea confitendum est. Utilis esse autem has opiniones quis neget, quom intellegat, quam multa firmentur iure iurando, quantae saluti sint foederum religiones, quam multos divini supplicii metus a scelere revocarit, quamque sancta sit societas civium inter ipsos?

Cic. leg. 2, 15–16 (mit Auslassungen)   139 lat. Wörter

2   geri: *hier:* = fieri
6   ratio: *hier:* Kraft
8   Quomque omnia = (Et) cum omnia
10 utilis = utiles
11 quom = cum

Im Fokus
Potentialis/Modusattraktion

- Der Potentialis wird verwendet, wenn die Gültigkeit einer Aussage als nur **möglich** oder gedacht dargestellt werden soll. Er drückt also eine **gemilderte Behauptung** aus.
  Gegenwart: Konj. Präsens / Konj. Perfekt (!)
  Vergangenheit: Konj. Imperfekt
  Beispiel: *dicat/dixerit aliquis* – es könnte/dürfte/mag jemand sagen/jemand sagt wohl
  crediderim – ich könnte/möchte glauben
  Beispiel: *videres* – man hätte sehen können
- Die Verneinung ist *non*.
- Der **Potentialis der Gegenwart** wird im Deutschen durch „könnte", „dürfte" bzw. die Einfügung der Adverbien „wohl", „vielleicht" wiedergegeben.
- Der **Potentialis der Vergangenheit** kommt nur in wenigen Wendungen vor. Er wird übersetzt mit „hätte wohl ...", „hätte ... können".
  Beispiel: *vix quisquam crederet* – kaum jemand hätte wohl geglaubt

Obliquer Konjunktiv

Ein Nebensatz, der eigentlich im Indikativ steht, kann auch in den Konjunktiv treten, wenn der übergeordnete Satz ein konjunktivischer Satz ist oder im Infinitiv steht. Man spricht dann von **Modusattraktion** bzw. **Modusassimilation**.
Beispiel: *Quis eum diligat, quem metuat?* – Wer könnte denjenigen lieben, den er fürchtet?

Wird in einem Nebensatz nicht die Meinung des Sprechenden selbst, sondern einer anderen Person wiedergegeben, wird auch der Konjunktiv verwendet.
Beispiel: *Rex id, quod civitatem non adiuvaret, inutile putabat.* – Der König hielt das, was den Staat nicht unterstütze, für unnützlich.

Aufgaben

a Nennen Sie den Infinitiv von *sit ... persuasum* (Z. 1) und klären Sie den Kasusgebrauch von *civibus* (Z. 1). Erklären Sie, weshalb hier der Konjunktiv steht.

___

b Klären Sie die Funktion der Infinitive *esse, oportere* (Z. 5) und *inesse* (Z. 6).

___

c Erschließen Sie, welche Wortform vor *non putet* (Z. 6/7) (mindestens gedanklich) wiederholt werden muss.

d Überlegen Sie die passende Wortbedeutung von *praestent* (Z. 8) und begründen Sie diese.

e Bestimmen Sie genau die Formen *omnia, quae* (Z. 8) und *iis, quae* (Z. 8/9). Übertragen Sie Ihre Erkenntnisse auf *multa* (Z. 11).

f Bestimmen Sie die grammatikalische Erscheinung bei *confitendum est* (Z. 10).

g Erstellen Sie eine Satzanalyse (nach einem Ihnen geläufigen Verfahren) von *Utilis esse* bis *ipsos* (Z. 10–13).

h Begründen Sie den Modusgebrauch bei *neget* (Z. 11).

i Bestimmen Sie die Kasusfunktion von *saluti (sint)* (Z. 12).

j Bei *revocarit* (Z. 13) handelt es sich um eine Kurzform. Ergänzen Sie diese zur vollständigen Form und bestimmen sowie begründen Sie sie.

k Überlegen Sie eine treffende (etwas freiere) Übersetzung von *religiones* (Z. 12) und *supplicii* (Z. 12).

l Übersetzen Sie den Text in angemessenes Deutsch.

Sallust

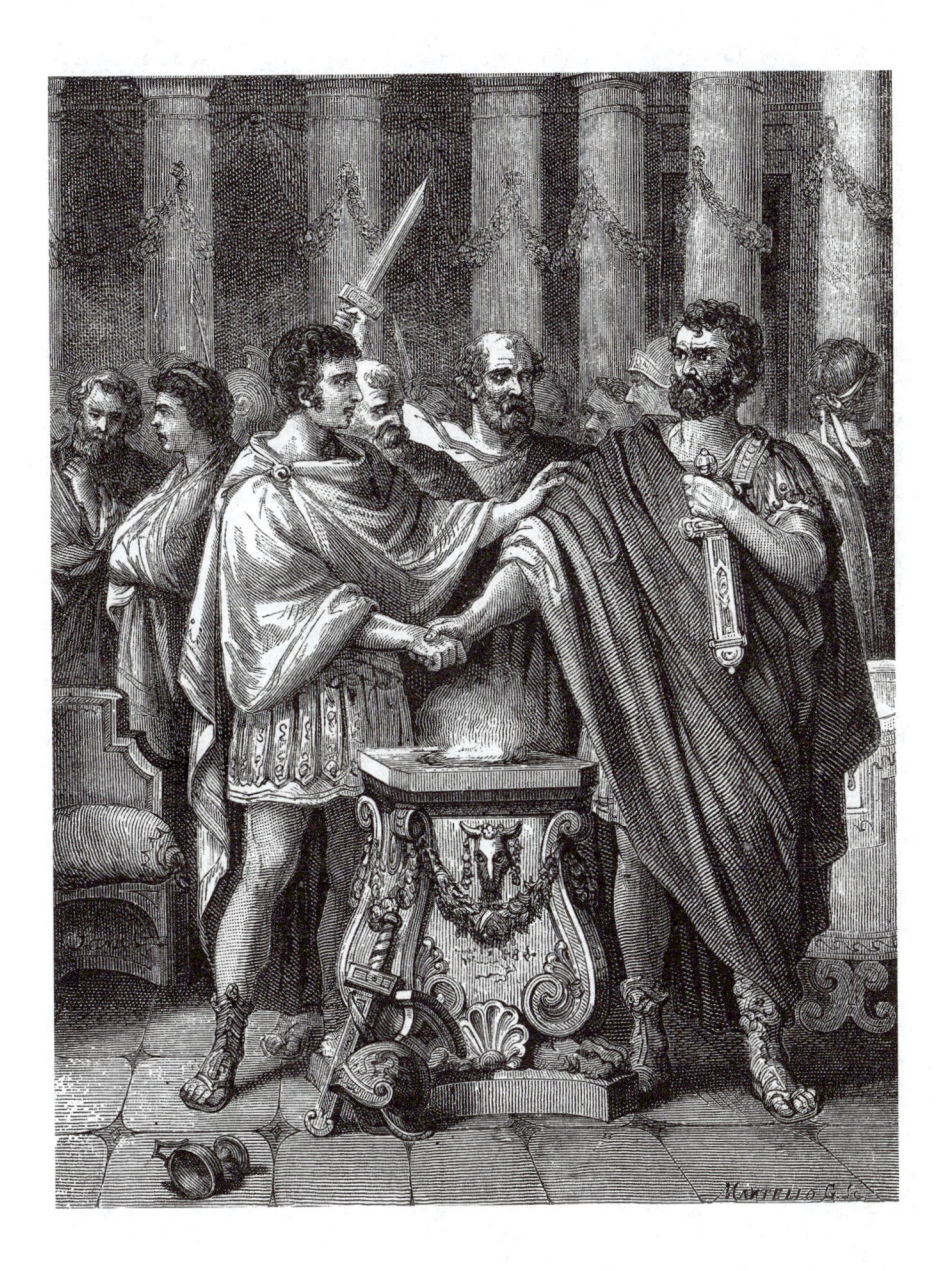

Text 21: Eine Charakteristik Sullas

In seinem zweiten großen Werk, dem „Bellum Iugurthinum", kommt Sallust auch auf Sulla zu sprechen, der sich in diesem Krieg große Verdienste erwarb. Er beschreibt dessen Person wie folgt:

L. Sulla quaestor cum magno equitatu in castra venit. Sed quoniam nos tanti viri res admonuit, idoneum visum est de natura cultuque eius paucis dicere. Neque enim alio loco de Sullae rebus dicturi sumus. Igitur Sulla gentis patriciae nobilis fuit, familia prope iam extincta, litteris Graecis atque Latinis eruditus,
5 animo ingenti, cupidus voluptatum, sed gloriae cupidior; facundus, callidus et amicitia facilis, ad simulanda negotia altitudo ingeni incredibilis, multarum rerum ac maxime pecuniae largitor. Atque illi felicissimo omnium ante civilem victoriam numquam super industriam fortuna fuit, multique dubitavere, fortior an felicior esset. Nam postea quae fecerit, incertum habeo, pudeat an
10 pigeat magis disserere.

Sall. Iug. 95   102 lat. Wörter

1   nos: *Damit meint Sallust sich selbst sowie die Leser.*
2   paucis: *ergänzen Sie:* verbis
6   amicitia: *ergänzen Sie im Deutschen:* „im Hinblick auf"
     facilis: *hier:* zugänglich
     ingeni = ingenii
9   incertum habere: *freier:* sich nicht sicher sein

Im Fokus
Ablativus qualitatis/Genitivus qualitatis

Der **Ablativus qualitatis** (Ablativ der Beschaffenheit) bezeichnet eine **Eigenschaft**, die durch ein Substantiv, meist mit einem Adjektiv oder Pronomen verbunden, zum Ausdruck gebracht wird. Er kann Prädikatsnomen oder Attribut sein.
Beispiel: *bono animo esse* – guten Mutes sein
miles excellenti virtute – ein Soldat von hervorragender Tüchtigkeit

Der **Genitivus qualitatis** bezeichnet ebenfalls eine **Eigenschaft** oder **Beschaffenheit** des übergeordneten Substantivs. Er ist meist mit einem Attribut (Adjektiv, Pronomen oder Zahlwort) verbunden.
Beispiel: *puer decem annorum* – ein Junge von zehn Jahren / ein zehnjähriger Junge
eius modi res – derartige Dinge

Der Genitivus qualitatis kann auch prädikativ gebraucht werden.
Beispiel: *Haec res magni momenti est.* – Diese Sache ist von großer Bedeutung.

Der Ablativus qualitatis und der Genitivus qualitatis können im Deutschen mit „**von**" und der jeweiligen **Eigenschaft** wiedergegeben werden. Meist ist eine freiere Übersetzung sinnvoll.
Beispiel: *vir magna prudentia* – ein Mann **von großer Klugheit** (= ein sehr kluger Mann)

Aufgaben

a   Erschließen Sie im Laufe der Übersetzung die jeweils passende Bedeutung von *res* in Z. 2 und Z. 3.

b   Klären Sie die Wortbedeutung von *admonere* (Z. 2) an der vorliegenden Textstelle. Der damit verbundene Kasus kann Ihnen eine Hilfe sein.

c   Führen Sie die Form *visum est* (Z. 2) auf ihre Infinitivform zurück und geben Sie die deutsche Bedeutung an.

d   Erklären Sie die Form *dicturi sumus* (Z. 3).

e Bestimmen Sie jeweils den Kasus und seine Funktion bei *gentis patriciae nobilis* (Z. 3/4) und *animo ingenti* (Z. 5).

_____
_____

f Benennen Sie die grammatikalische Konstruktion, die bei *familia ... extincta* (Z. 4) vorliegt. Klären Sie die Wortart und damit auch die passende Wortbedeutung von *prope* (Z. 4) an der vorliegenden Stelle.

_____
_____

g Bestimmen Sie die grammatikalische Erscheinung, die bei *ad simulanda negotia* (Z. 6) vorliegt, und überlegen Sie, welches Satzglied in diesem Teilsatz ebenso wie im vorausgehenden und dem nachfolgenden zu ergänzen ist.

_____
_____

h Geben Sie an, wie die Form *dubitavere* (Z. 8) üblicherweise lauten würde. Klären Sie dann, welche Art von Satz von *dubitavere* abhängt, und überlegen Sie, wie demzufolge *an* (Z. 9) und *esset* (Z. 9) zu übersetzen sind.

_____
_____

i Übertragen Sie Ihre zuletzt gewonnenen Erkenntnisse auf den Satz *Nam ... disserere* (Z. 9/10) und überlegen Sie, wie Sie die einzelnen Wörter so umstellen können, dass der Satz leichter übersetzbar wird.

_____
_____

j Übersetzen Sie den Text in angemessenes Deutsch.

Geführte Lösung

a In Z. 2 lautet die passende Bedeutung von *res* „Sachverhalt, Zusammenhang".
In Z. 3 (hier: Plural) passt für *res* die Bedeutung „Leistung(en), Tat(en)" am besten.

b An der vorliegenden Textstelle passt für *admonere* die Bedeutung „erinnern" am besten.

c Der Infinitiv zu *visum est* ist *videri*.
Die deutsche Bedeutung lautet „scheinen".

d Es handelt sich um eine Form des Partizip Futur Aktiv (Nom. Pl. m.) zusammen mit der 1. Person Präsens Aktiv von *esse*.

> Die Verbindung aus PFA und *esse* bezeichnet eine Handlung, die unmittelbar bevorsteht.

e Bei *gentis patriciae nobilis* liegt ein Genitivus qualitatis und bei *animo ingenti* ein Ablativus qualitatis vor.

> Der *Gen. qualitatis* und der *Abl. qualitatis* bezeichnen eine Eigenschaft oder Beschaffenheit, die durch ein Substantiv mit einem Adjektiv verbunden zum Ausdruck gebracht wird.

f Bei *familia ... extincta* liegt ein Ablativus absolutus vor. *Prope* ist adverbiell aufzufassen.

> Achten Sie bei der Auflösung des Abl. abs. auf das Zeitverhältnis: *extincta* = PPP → Vorzeitigkeit

g Bei *ad simulanda negotia* liegt ein attributives Gerundiv vor.
Zu ergänzen ist das Prädikat *erat*; es empfiehlt sich auch die Ergänzung von *ei*.

> Das Gerundiv ist ein Verbaladjektiv, das nach der a- und o-Deklination dekliniert wird und sich in KNG nach dem zugehörigen Nomen (hier: *negotia*) richtet.

h Bei *dubitavere* handelt es sich um eine Kurzform von *dubitaverunt*, von der eine indirekte Wahlfrage abhängt; am Anfang der deutschen Übersetzung des Fragesatzes ist „ob" zu ergänzen; *an* wird mit „oder", *esset* mit „sei" übersetzt.

> Der Modus der indirekten Wahlfrage ist der Konjunktiv.

i Der Satz kann folgendermaßen umgestellt werden: *Nam incertum habeo, pudeat an pigeat magis disserere, quae postea fecerit.*

> Auch hier handelt es sich um eine Wahlfrage, bei deren Übersetzung ins Deutsche „ob" zu ergänzen ist.

j L. Sulla quaestor cum (magno equitatu) in castra

venit. Sed quoniam nos (tanti viri) res admonuit, idoneum visum est de (natura cultuque) eius paucis dicere.

Neque enim (alio loco) de Sullae rebus dicturi sumus.
Igitur Sulla (gentis patriciae nobilis) fuit, familia prope iam extincta, (litteris Graecis atque Latinis) eruditus, (animo ingenti),
cupidus voluptatum, sed gloriae cupidior;

facundus, callidus et amicitia facilis, ad (simulanda negotia)

altitudo (ingeni incredibilis),

(multarum rerum) ac maxime pecuniae largitor.

Atque (illi felicissimo) omnium ante (civilem victoriam) numquam super industriam fortuna

fuit, multique dubitavere,

!

In steht hier mit Akkusativ; es handelt sich um einen Akk. der Richtung auf die Frage „Wohin?".

Admonere zieht hier den Genitiv nach sich.

eius: Damit ist Sulla gemeint.

paucis: Ergänzen Sie *verbis* (→ Abl. instrumentalis).

Sullae: Genitivobjekt zu *rebus*

gentis patriciae nobilis: Gen. qualitatis

animo ingenti: Abl. qualitatis

Cupidus zieht den Genitiv nach sich.
cupidior: Komparativ

amicitia: Ablativ, abhängig von *facilis*; der Ablativ gibt hier den Bereich bzw. die Beziehung an.

ad simulanda negotia: attributives Gerundiv

ingeni: Der verkürzte Genitiv Sg. der o-Deklination ist eine sprachliche Besonderheit bei Sallust.

multarum rerum, pecuniae: von *largitor* abhängiger Genitiv

illi: Dativus possessivus in Verbindung mit *fuit*
felicissimo: Superlativ von *felix* im Dat. Sg.

dubitavere: Zu einer sprachlichen Besonderheit bei Sallust zählt die verkürzte Perfektform *-ere* statt *-erunt*.

fortior an felicior esset.	*fortior, felicior*: Komparative *esset*: Es steht Konjunktiv, da mit *dubitavere* ein indirekter Fragesatz eingeleitet wird.
Nam postea quae fecerit, incertum habeo, pudeat	*fecerit*: Es steht Konjunktiv, da der Relativsatz *quae fecerit* seinerseits von einem konjunktivischen Satz mit den Prädikaten *pudeat* und *pigeat* abhängt. *pudeat, pigeat*: Es steht Konjunktiv, da mit *incertum habeo* ein indirekter Fragesatz eingeleitet wird.
an pigeat magis disserere.	*disserere*: Infinitiv, abhängig von *pudeat* und *pigeat*

Übersetzung:

Der Quästor L. Sulla kam mit einer großen Reiterei ins Lager. Weil uns ja nun der vorliegende Sachverhalt (*wörtlich:* die Sache) an diesen (*wörtlich:* den) so bedeutenden Mann erinnert hat, erschien es passend, über sein Wesen und seine Lebensweise mit wenigen Worten etwas zu sagen. Denn wir werden an keiner anderen Stelle über die Leistungen Sullas sprechen. Sulla stammte also aus einem vornehmen adeligen (patrizischen) Geschlecht, wobei seine Familie schon fast (ganz) ausgelöscht war; er war ausgebildet in der griechischen und der lateinischen Literatur, besaß gewaltige Geisteskraft (*wörtlich:* einen gewaltigen Geist), (er) war begierig nach Genüssen, aber noch begieriger nach Ruhm; er war redegewandt, schlau und für Freundschaften (*wörtlich:* im Hinblick auf Freundschaften) leicht zugänglich und besaß eine unglaubliche Tiefe des Geistes, um hinsichtlich seiner Unternehmungen (*ergänzen Sie:* etwas) vorzutäuschen; er war der Spender von vielen Dingen und ganz besonders von Geld. Und er (*wörtlich:* jener), der Glücklichste von allen, hatte vor seinem Sieg im Bürgerkrieg niemals mehr Glück, als (er) Fleiß (besaß), und viele waren ungewiss (*wörtlich:* zweifelten), ob er tapferer oder glücklicher war. Denn bezüglich dessen, was er später tat, bin ich nicht sicher, ob es mich mehr beschämt oder verdrießt (*möglich auch:* beschämen oder verdrießen soll), es zu erörtern.

Text 22: Catos Rede vor dem Senat

Im Senat wird darüber verhandelt, was mit Catilina und seinen Mitverschwörern nach Aufdeckung der Verschwörung geschehen soll. Cäsar und Cato sprechen sich für ein unterschiedliches Vorgehen aus:

Postquam Caesar dicundi finem fecit, ceteri verbo varie adsentiebantur. At M. Porcius Cato rogatus sententiam huiusce modi orationem habuit:
„Longe alia mihi mens est, patres conscripti, cum res atque pericula nostra considero et cum sententias nonnullorum ipse mecum reputo. Illi mihi
5 disseruisse videntur de poena eorum, qui patriae, parentibus, aris atque focis suis bellum paravere; res autem monet cavere ab illis magis quam, quid in illos statuamus, consultare. Per deos inmortalis, vos ego appello, qui semper domos, villas, signa, tabulas vostras pluris quam rem publicam fecistis: si ista, quae amplexamini, retinere, si voluptatibus vostris otium praebere voltis,
10 expergiscimini aliquando et capessite rem publicam! Non agitur de vectigalibus neque de sociorum iniuriis: libertas et anima nostra in dubio est. Saepenumero, patres conscripti, multa verba in hoc ordine feci, saepe de luxuria atque avaritia nostrorum civium questus sum multosque mortalis ea causa adversos habeo. Sed ea tametsi vos parvi pendebatis, tamen res publica firma erat: opulentia
15 neglegentiam tolerabat. Nunc vero non id agitur, bonisne an malis moribus vivamus, neque quantum aut quam magnificum imperium populi Romani sit."

Sall. Cat. 52   175 lat. Wörter

2   Cato = Marcus Porcius Cato

Im Fokus
Konditionalsätze

- Konditionalsätze beinhalten die **Bedingung**, unter der das Geschehen des übergeordneten Satzes eintritt oder eintreten kann.

- **Reale Bedingungen**, unter denen das Geschehen **tatsächlich** eintritt, stehen im **Indikativ (Realis)**.
  Beispiel: *Si hoc dicis, mentiris.* – Wenn du das sagst, (dann) lügst du.

- **Potentiale Bedingungen**, unter denen das Geschehen **möglicherweise** eintritt, stehen im **Konjunktiv Präsens** oder **Perfekt (Potentialis)**.
  Beispiel: *Si hoc dicas, mentiaris* (= *Si hoc dixeris, mentitus sis*). –
  Wenn du das sagen solltest, dürftest du lügen (lügst du wohl).

- **Irreale Bedingungen**, unter denen das Geschehen **nicht** eintritt, stehen im **Konjunktiv Imperfekt** oder **Plusquamperfekt (Irrealis)**.
  Beispiel: *Si hoc diceres, mentireris.* – Wenn du das sagen würdest, würdest du lügen.
  Si hoc dixisses, mentitus esses. – Wenn du das gesagt hättest, hättest du gelogen.
- Die konditionalen **Subjunktionen** lauten:

si	wenn, falls	*dum*	
nisi	wenn nicht, falls nicht	*dummodo* *modo* (m. Konj.)	wenn nur
quod si	wenn nun, wenn aber	*quod nisi*	wenn aber nicht
sin *sin autem*	wenn aber	*si non** *si minus*	wenn nicht, andernfalls
si quidem	wenn wirklich, wenn freilich	*sive … sive* (m. Ind.)	sei es, dass … oder dass
si modo (meist m. Ind.)	wenn nur		

* *Si non* wird im Unterschied zu *nisi* gebraucht, wenn ein einzelnes Wort oder der Inhalt des Bedingungssatzes als Ganzes verneint werden soll, *nisi* schränkt die Geltung des Folgerungssatzes ein.

Beispiele: *Memoria minuitur,* **nisi** *eam exerces.* – Das Gedächtnis verringert sich, wenn du es nicht trainierst.

Continentem se praestat, **sive** *laudatur* **sive** *reprehenditur.* – Er zeigt sich als selbstbeherrscht, sei es, dass er gelobt oder dass er getadelt wird.

Aufgaben

a Erklären Sie genau, welche Form bei *dicundi* in Z. 1 vorliegt.

b Klären Sie mithilfe des Wörterbuchs die Wortverbindung, die dem Ausdruck *rogatus sententiam* (Z. 2) zugrunde liegt.

c Erschließen Sie die passende Bedeutung von *cum* in Z. 3. Wiederholen Sie die verschiedenen Verwendungsweisen und möglichen Bedeutungen, wenn Sie sich unsicher waren.

d Bei *paravere* (Z. 6) handelt es sich um eine verkürzte Form. Geben Sie an, wie die reguläre Form dazu lautet.

e Erklären Sie den Modusgebrauch bei der Form *statuamus* (Z. 7).

f Überlegen Sie, wie die Formen *inmortalis* in Z. 7 (und entsprechend *mortalis* in Z. 13) im klassischen Latein lauten. Orientieren Sie sich hierzu an den Substantivformen, auf die sich diese Formen beziehen. Geben Sie ebenso an, wie die Formen *vostris* (Z. 9), *voltis* (Z. 9) und *advorsos* (Z. 13) im klassischen Latein lauten würden.

g Klären Sie die Bedeutungen der Phrasen *pluris ... fecistis* (Z. 8) und *parvi pendebatis* (Z. 14) und bestimmen Sie die Kasusfunktion.

h Bestimmen Sie – ggf. mithilfe des Wörterbuchs – die Form *expergiscimini* (Z. 10).

i Klären Sie die Bedeutungen der Phrasen *agitur de* (Z. 10) und *in dubio est* (Z. 11).

j Erschließen Sie aufgrund des Kontextes die passende Bedeutung von *ordo* (vgl. Z. 12).

k Übersetzen Sie den Text in angemessenes Deutsch.

Text 23: Jugurtha und Bocchus gegen Rom

Numidien war ein römisches Vasallenkönigreich, das von König Micipsa beherrscht wurde. Nach seinem Tod stritten seine beiden leiblichen Söhne um die Nachfolge. Sein unehelicher, eigentlich vom Erbe ausgeschlossener Sohn Jugurtha versuchte die Situation für sich zu nutzen, bestach den römischen Senat und ermordete einen seiner beiden Brüder. Das Reich wurde 116 v. Chr. auf die verbliebenen Brüder aufgeteilt. 112 v. Chr. überfiel Jugurtha seinen Mitregenten und ließ nach der Eroberung der Stadt Cirta dort ein Massaker veranstalten. Rom erklärte ihm den Krieg, zumal er auch römische Bürger hatte umbringen lassen.
107 v. Chr. übernahm der amtierende Konsul Gaius Marius den Oberbefehl über die römischen Truppen in Afrika, dem es gelang, die Stadt Capsa zu erobern und Jugurtha zu schlagen. Jugurtha wandte sich nun an seinen Schwiegervater, König Bocchus von Mauretanien.

At Iugurtha, postquam oppidum Capsam aliosque locos munitos et sibi utilis simul et magnam pecuniam amiserat, ad Bocchum nuntios mittit: quam primum in Numidiam copias adduceret; proeli faciendi tempus adesse. Quem ubi cunctari accepit, ipsi Mauro pollicetur Numidiae partem tertiam, si aut
5 Romani Africa expulsi aut integris suis finibus bellum compositum foret. Eo praemio illectus Bocchus cum magna multitudine Iugurtham accedit.
Ita amborum exercitu coniuncto Marium iam in hiberna proficiscentem invadunt, rati noctem, quae iam aderat, sibi munimento fore. Igitur simul consul ex multis de hostium adventu cognovit et ipsi hostes aderant. Prius
10 quam exercitus aut instrui aut sarcinas colligere, denique ante quam signum aut imperium ullum accipere quivit, equites Mauri atque Gaetuli catervatim in nostros incurrunt. Qui omnes trepidi improviso metu ac tamen virtutis memores aut arma capiebant aut capientis alios ab hostibus defensabant.

Sall. Iug. 97   135 lat. Wörter

1   Capsa, -ae: Capsa
3   Numidia, -ae: Numidien
4   Maurus, -i: der Maure *(gemeint ist hier Bocchus)*
6   Bocchus, -i: Bocchus
7   C. Marius, -i: Marius
11 Maurus, -a, -um: maurisch
    Gaetuli, -orum: die Gätuler *(nordafrikanisches Volk, das Jugurtha unterstützte)*

Im Fokus
Temporalsätze

Temporale Adverbialsätze drücken das Zeitverhältnis zwischen der Handlung des Hauptsatzes und der des Gliedsatzes aus: Die Handlung des Gliedsatzes kann in Relation zu der des Hauptsatzes gleichzeitig, vorzeitig oder nachzeitig sein.

- Folgende temporale Subjunktionen drücken **Vorzeitigkeit** aus:

  post(ea)quam   nachdem
  (m. Ind. Perf.)

  cum   als, nachdem
  (m. Konj. Plusquamperf.)

  Beispiel: *Postquam amici advenerunt, iis hortos ostendi.* – Nachdem die Freunde angekommen waren *(im Dt. Plusquamperf.)*, zeigte ich ihnen die Gartenanlagen.
  Cum Caesar in Galliam venisset, undique legati eum advenerunt. – Als/Nachdem Cäsar nach Gallien gekommen war, kamen von überall Gesandte auf ihn zu.

- Folgende temporale Subjunktionen drücken **Gleichzeitigkeit** aus:

  dum   während *(im Dt. Angleichung der Zeitstufe)*
  (m. Ind. Präs.)

  cum   als
  (m. Konj. Imperf.)

  Beispiel: *Dum fortiter pugnat (Präs.), ab hostibus circumventus est.* – Während er tapfer kämpfte (Imperf.), wurde er von den Feinden umringt.
  Cum Caesar in Galliam veniret, Helvetii ibi maximum valebant. – Als Cäsar nach Gallien kam, hatten die Helvetier dort den größten Einfluss.

- Folgende temporale Subjunktionen drücken **Nachzeitigkeit** aus:

  antequam
  ante ... quam
  (meist m. Ind.)   ⎫
                       ⎬ ehe, bevor
  priusquam   ⎭
  prius ... quam
  (meist m. Ind.)

  Beispiel: *Hostes non prius fugere destiterunt, quam ad flumen pervenerunt.* – Die Feinde hörten nicht auf zu fliehen, bevor sie den Fluss erreicht hatten.

Aufgaben

a   *Utilis* (Z. 1) lautet in der gängigen Form *utiles*. Klären Sie, auf welche Substantivform es damit zu beziehen ist.

b Bestimmen Sie die grammatikalische Erscheinung, die in dem Satz beginnend mit *quam primum* (Z. 2/3) vorliegt. Überlegen Sie mögliche Konsequenzen für die Übersetzung.

_____
_____
_____

c Geben Sie an, wie die Form *proeli* (Z. 3) üblicherweise lauten würde. Benennen Sie die grammatikalische Erscheinung bei *proeli faciendi* (Z. 3) und überlegen Sie mögliche Konsequenzen für die Übersetzung.

_____
_____
_____

d Klären Sie bei der Übersetzung die treffende Wortbedeutung von *ubi* (Z. 4). Das Tempus des Prädikats kann Ihnen dabei als Hilfe dienen.

_____

e Bestimmen Sie genau die grammatikalische Erscheinung, die bei *integris suis finibus* (Z. 5) vorliegt.

_____
_____

f Klären Sie mithilfe des Wörterbuchs, welche Ihnen geläufige Verbform *foret* (Z. 5) ersetzt.

_____

g Bestimmen Sie in dem mit *Ita* (Z. 7) beginnenden Satz je einen Ablativus absolutus und ein Participium coniunctum.

_____
_____
_____

h Klären Sie die Besonderheit und die eleganteste Übersetzung der Form *rati* (Z. 8).

_____
_____

i Bestimmen Sie genau die Form *fore* (Z. 8).

j Überlegen Sie bei der Übersetzung die treffendste Übersetzung für *ex* (Z. 9) an der vorliegenden Stelle.

k Bestimmen Sie die Infinitivformen *instrui* (Z. 10), *colligere* (Z. 10) und *accipere* (Z. 11) und klären Sie, von welcher Verbform diese abhängen. Begründen Sie dann die Verwendung der unterschiedlichen Infinitive.

l Benennen Sie jeweils den Kasus von *improviso metu* (Z. 12) und *virtutis* (Z. 12) und begründen Sie seine Verwendung.

m Gehen Sie bezüglich der Form *capientis* (Z. 13) ähnlich vor wie bei Aufgabe **a**. Berücksichtigen Sie dabei, dass das Bezugswort in diesem Fall allerdings kein Substantiv ist.

n Übersetzen Sie den Text in angemessenes Deutsch.

Lösungen

Text 2: Die Rede des Perseus

a *confugiam:* Relativsatz mit konsekutivem Nebensinn
reliquissent: Irrealis der Vergangenheit
crederem: Irrealis der Gegenwart
loquar: Deliberativ

> Nach bestimmten Wendungen folgen Relativsätze mit konsekutivem Nebensinn (Z. 1: Non … habeo, ad quos …), die deshalb im Konjunktiv stehen, der im Deutschen allerdings nicht ausgedrückt werden muss.

b Nach folgenden Formen muss eine Form von *esse* ergänzt werden:
ademptas (Z. 2), *futuram* (Z. 4), *futura* (Z. 6), *relictum* (Z. 7), *obligatam* (Z. 14), *obnoxiam* (Z. 14)

> Bei Livius kann häufig eine Ellipse von *esse* beobachtet werden → *esse* muss daher gedanklich ergänzt werden.

c *ademptas* → *adimo* (von *adimere*): wegnehmen
hesterno → *hesternus:* gestrig
defuit → *desum* (von *deesse*): fehlen

> Denken Sie daran, dass Verben im Wörterbuch (meist) in der 1. P. Sg. aufgelistet sind.

d *iniuriis doleo:* Abl. causae

> Der Abl. causae (Ablativ des Grundes) steht auf die Frage „Weshalb?".

satis praesidii: Gen. partitivus

> Der Gen. partitivus tritt u. a. nach Quantitätsadverbien wie *satis* oder *parum* auf.

spem omnem dignitatis et fortunae: Gen. obiectivus

> Meist ist es durch den Kontext eindeutig, ob es sich um einen Gen. subiectivus oder obiectivus handelt.

cuius beneficio: Abl. causae

> s. o.

tuo imperio liberatae: Abl. separativus

> Der Abl. separativus (Ablativ der Trennung) steht auf die Frage „Wovon? Woraus?".
> Er steht u. a. bei Verben der Bedeutungsfelder „berauben, entbehren".

pace Romana gaudent: Abl. causae

> s. o.

e „Nihil praeter deos, pater, et te colui. Non Romanos habeo, ad quos confugiam: perisse expetunt, quia (tuis iniuriis) doleo, quia tibi

ademptas tot urbes, tot gentes, modo Thraciae maritimam oram, indignor.

Nec me nec te incolumi Macedoniam suam futuram sperant.

Si me scelus fratris, te senectus absumpserit, aut ne ea quidem exspectata fuerit, regem regnumque Macedoniae sua futura sciunt.

Si quid extra Macedoniam tibi Romani reliquissent, mihi quoque id relictum crederem receptaculum.

Praeter steht mit Akkusativ.

ad quos confugiam: Relativsatz mit konsekutivem Nebensinn
Dolere steht mit Ablativ.

Von *indignor* ist ein AcI abhängig: Die Akkusative *urbes, gentes* und *maritimam oram* werden zu Subjekten, der Infinitiv *ademptas (esse)* wird zum Prädikat.

me … te incolumi: nominaler Abl. abs. Anstelle von Partizipien stehen hier Prädikatsnomina.
Sperant leitet einen AcI ein mit *Macedoniam suam* als Akkusativ, der zum Subjekt wird, und *futuram (esse)* als Infinitiv, der zum Prädikat wird.

absumpserit und *exspectata fuerit:* Futur II (statt des üblichen *exspectata erit*)
Von *sciunt* ist ein AcI abhängig: Die Akkusative *regem regnumque* werden zu Subjekten und der Infinitiv *futura (esse)* wird zum Prädikat.

Nach *si* fällt *ali-* weg: *quid = aliquid*
Extra steht mit Akkusativ.
Relictum (esse) ist der Infinitiv zu dem mit *crederem* eingeleiteten AcI mit *id receptaculum* als Akkusativ, der zum Subjekt wird.
reliquissent und *crederem*: Irrealis → Der Konjunktiv wird wiedergegeben.

At in Macedonibus satis praesidii est. Vidisti (hesterno die) impetum militum in me. Quid illis defuit nisi ferrum? (…)

praesidii: Gen. partitivus, abhängig von *satis*
hesterno die: Abl. temporis
illis: Dativobjekt zu *defuit*

Quid de (magna parte) principum loquar, qui in Romanis (spem omnem) dignitatis et fortunae posuerunt et in eo, qui omnia apud Romanos potest? Neque hercule istum mihi tantum, (fratri maiori), sed prope est, ut tibi quoque ipsi, regi et patri, praeferant.

principum: Gen. partitivus, abhängig von *parte*
loquar: Deliberativ, zu übersetzen mit „soll"
dignitatis/fortunae: Gen. obiectivus

Beachten Sie, dass *ut* hier mit Konjunktiv steht.
regi et patri = Appositionen zu *ipsi*

Iste enim est, cuius beneficio poenam tibi senatus remisit, qui nunc te ab (armis Romanis) protegit, qui tuam senectutem obligatam et obnoxiam (adulescentiae suae) esse aequum censet.

Censet leitet einen AcI ein: Der Infinitiv (*aequum*) *esse* wird zum Prädikat, von dem ein weiterer AcI abhängt mit *tuam senectutem* als Akkusativ und *obligatam et obnoxiam (esse)* als Infinitiven.

Pro isto Romani stant, pro isto (omnes urbes) (tuo imperio) liberatae, pro isto Macedones, qui (pace Romana) gaudent.

Lösen Sie das PC *omnes urbes … liberatae* mit einem Relativsatz auf.
Gaudere zieht den Ablativ nach sich.

Mihi praeter te, pater, quid usquam aut (spei aut praesidii) est?"

spei und *praesidii*: Gen. partitivus, abhängig von *quid*

Übersetzung:
Nichts außer die Götter und dich habe ich verehrt, Vater. Ich habe nicht die Römer, zu denen ich fliehen könnte. Sie wünschen meinen Tod (*wörtlich:* dass ich zugrunde gegangen bin), weil ich über die dir zugefügten Ungerechtigkeiten Schmerz empfinde, weil ich empört darüber bin, dass dir so viele Städte, so viele Völkerschaften und vor Kurzem (gerade) die Meeresküste Thrakiens weggenommen worden sind. Sie hoffen, dass Makedonien ihnen gehören wird, wenn weder du noch ich mehr am Leben sind. Wenn mich das Verbrechen meines Bruders und dich das Alter hinweggerafft haben oder man dies nicht einmal abgewartet hat, wird, wie sie wissen, der

König Makedoniens und sein (König-)Reich ihnen gehören. Wenn dir die Römer etwas außer Makedonien zurückgelassen hätten, so würde ich glauben, dass dies auch ein Rückzugsort für mich geblieben sei (*wörtlich:* dass dies auch mir als Rückzugsort hinterlassen worden sei). Aber du hast doch bei den Makedonen Schutz genug (*wörtlich:* Bei den Makedonen ist Schutz genug). Du hast am gestrigen Tag den Angriff der Soldaten auf mich gesehen. Was hat ihnen gefehlt außer einem Schwert? (…) Was soll ich über die große Zahl von Adeligen sagen, die alle Hoffnung auf eine Ehrenstellung auf die Römer und auf ihr Glück gesetzt haben und auf den, der bei den Römern alles vermag? Beim Herkules, sie ziehen diesen nicht nur mir, dem (seinem) älteren Bruder, vor, sondern es ist beinahe so, dass sie ihn auch dir selbst, dem König und Vater, vorziehen. Dieser nämlich ist es, aufgrund dessen Verdienstes der Senat dir die Strafe erlassen hat, der dich nun vor den Waffen der Römer schützt, der meint, es sei recht, dass dein Alter seiner Jugend verpflichtet und von ihr abhängig ist. Für diesen stehen die Römer ein, für ihn alle Städte, die von deiner Herrschaft befreit sind, für ihn die Makedonen, die sich über den Frieden mit den Römern freuen. Aber ich, was habe ich irgendwo für eine Hoffnung oder für einen Schutz außer dir, Vater?

Text 3: Das tragische Schicksal Theoxenas

a

Einleitendes Verb	Akkusativ	Infinitiv	
dicere (Z. 4)	se (Z. 4)	interfecturam (Z. 5): Inf. Futur → NZ	Bei *interfecturam* ist *esse* zu ergänzen.
dixit (Z. 7)	ergänzen Sie: se	deportaturum (Z. 6): Inf. Futur → NZ	Bei *deportaturum* ist *esse* zu ergänzen.
dixit (Z. 7)	comitem ipsum (Z. 7)	futurum esse (Z. 7): Inf. Futur → NZ	

b

Textstelle	Art der Konstruktion	Zeitverhältnis
abominatus (Z. 6)	PPP des Deponens *abominari*, bezogen auf *Poris*; Participium coniunctum	Vorzeitigkeit
tendens (Z. 9)	PPA zu *tendere*, bezogen auf *Poris*; Participium coniunctum	Gleichzeitigkeit
praecogitatum (Z. 10)	PPP zu *praecogitare*, bezogen auf *facinus*; Participium coniunctum	Vorzeitigkeit
revoluta (Z. 11)	PPP zu *revolvere*, bezogen auf *femina*; Participium coniunctum	Vorzeitigkeit
posito ... poculo strictisque gladiis (Z. 11/12)	zwei Abl. abs.; beide mit PPP-Formen	Vorzeitigkeit
absumpti (Z. 16)	PPP zu *absumere*, bezogen auf *alii*, Participium coniunctum	Vorzeitigkeit
complexa (Z. 17)	PPP zum Deponens *complecti*, bezogen auf *ipsa*, Participium coniunctum	Vorzeitigkeit

Lösungen: Livius ◆ 133

		❗
c	*de comprehendendis liberis* (Z. 3): attributives Gerundiv	Es handelt sich um ein attributives Gerundiv, da Übereinstimmung in KNG besteht.
d	*Poridi:* Dativ, abhängig von *nupsit*	*Nubere* zieht den Dativ nach sich.
	qua: Ablativus loci	*Qua* bezieht sich auf ein zu ergänzendes *via*.
	nave: Ablativ, abhängig von *potiti sunt*	*Potiri* steht mit Ablativ.
e	Irrläufer: *cura*; Begründung: Bei *cura* handelt es sich im Gegensatz zu allen anderen Formen nicht um einen Nominativ, sondern um einen **Ablativ**.	Achten Sie darauf, welches Substantiv mit den anderen nicht in Kasus, Numerus oder Genus übereinstimmt. So können Sie ermitteln, welche Form nicht in die Reihe passt.
	Irrläufer: *praecipitantur*; Begründung: Das Verb *praecipitantur* steht im Gegensatz zu allen anderen Verben **nicht im Konjunktiv**.	Achten Sie darauf, welches Verb von den anderen abweicht bezüglich Person, Numerus, Tempus, Modus oder Genus Verbi. So können Sie ermitteln, welche Form nicht in die Reihe passt.
f	Theoxena, ut in (suis manibus) liberi sororis educarentur, Poridi nupsit; et tamquam omnes ipsa enixa foret, suum sororisque filios in eadem habebat cura.	Beachten Sie, dass *ut* hier mit Konjunktiv steht. *Poridi:* Dativ, abhängig von *nupsit* (von *nubere*) Mit *omnes* sind die Kinder gemeint.
	Postquam regis edictum de comprehendendis liberis eorum, qui interfecti essent, accepit (…) ad (rem atrocem) animum adiecit ausaque est dicere se (sua manu) potius omnes interfecturam, quam in potestatem Philippi venirent.	Übersetzen Sie das Gerundiv *comprehendendis* mit einem Substantiv. *Dicere* leitet einen AcI ein: *se* = Akkusativ, der zum Subjekt wird, *interfecturam (esse)* = Infinitiv, der zum Prädikat wird

Poris abominatus mentionem (tam foedi facinoris)

Athenas deportaturum eos ad fidos hospites dixit, comitemque ipsum fugae futurum esse. Proficiscuntur ab Thessalonica (...)

Cum iam appropinquabant, Poris (...) manus ad caelum tendens deos, ut ferrent opem, orabat.

Ferox interim femina, ad multo ante praecogitatum revoluta facinus, venenum diluit ferrumque promit et posito in conspectu poculo strictisque gladiis „Mors", inquit, „una vindicta est. Viae ad mortem hae sunt: Qua quemque animus fert, effugite (superbiam regiam). Agite, (iuvenes mei), primum, qui maiores estis, capite ferrum aut haurite poculum, si segnior mors iuvat."
Et hostes aderant et auctor mortis instabat.
Alii (alio leto) absumpti semianimes e nave praecipitantur.

Ipsa deinde virum comitem mortis complexa in mare sese deiecit. (Nave vacua) dominis regii potiti sunt.

!

Beziehen Sie *mentionem tam foedi facinoris* auf das PC *abominatus*.

Athenas: Akk. der Richtung

eos + comitem ipsum: Akkusative zu mit *dixit* eingeleitetem AcI

deportaturum (esse) + futurum esse: Infinitive, die zu Prädikaten werden

Beachten Sie, dass *cum* hier mit Indikativ steht.

Poris ... tendens: PC

Beachten Sie, dass *ut* hier mit Konjunktiv steht.

femina ... revoluta: PC, Hyperbaton

praecogitatum – facinus: Hyperbaton

posito ... poculo und *strictis ... gladiis*: Abl. abs

effugite, agite, capite, haurite: Imperative

Lösen Sie das PC *Alii ... absumpti* mit einer Beiordnung auf.

ipsa ... complexa: PC

sese = *se*

Vacua hat den Ablativ bei sich.

Potiri steht mit **Ablativ** (im Deutschen: sich **einer Sache** bemächtigen).

Übersetzung:
Theoxena heiratete Poris, damit die Kinder ihrer Schwester unter (*wörtlich:* in) ihren Händen erzogen würden; und auf ihren Sohn und die Söhne ihrer Schwester verwandte sie die gleiche Sorge, so als ob sie alle selbst geboren hätte. Nachdem sie die Anordnung des Königs über die Ergreifung der Kinder Getöteter (*wörtlich:* derer, die getötet worden waren) vernommen hatte, richtete sie ihre Aufmerksamkeit (*wörtlich:* ihren Sinn) auf eine schreckliche Sache und wagte zu sagen, sie werde eher alle mit ihrer eigenen Hand töten, als dass sie in die Gewalt Philipps kämen. Poris verabscheute den Vorschlag zu einer solch hässlichen Tat und sagte, er werde sie nach Athen zu treuen Gastfreunden bringen und selbst ihr Begleiter auf der Flucht sein. Sie brachen von Thessalonike auf. (...)
Als sie sich näherten, streckte Poris seine Hände zum Himmel und bat die Götter um Hilfe (*wörtlich:* dass sie Hilfe brächten). Unterdessen kam die wild entschlossene (*wörtlich:* wilde) Frau auf die (schon) viel früher im Voraus überlegte Tat zurück, löste *(historisches Präsens)* das Gift auf, holte das Schwert hervor, stellte den Becher in ihr Gesichtsfeld, zückte die Schwerter und sagte: „Der Tod ist die einzige (*ergänzen Sie:* Möglichkeit zur) Rettung. Dies sind die Wege zum Tod: Entflieht dem königlichen Hochmut auf diesem (*ergänzen Sie:* Weg), auf dem jeder gehen will (*wörtlich:* auf den jeden sein Sinn führt). Los, meine jungen Männer, greift zuerst ihr, die ihr schon älter seid, nach dem Schwert oder trinkt den Becher, wenn ihr lieber einen langsameren Tod wollt (*wörtlich:* euch an einem langsameren Tod erfreut)." Und nun waren die Feinde da und der, der den Tod veranlasste (*wörtlich:* der Veranlasser des Todes), drohte. Jeder schied auf eine andere Art aus dem Leben (*alternativ:* wurde auf eine andere Art getötet) und sie stürzten halb entseelt aus dem Schiff. Sie selbst umarmte hierauf ihren Mann als Gefährte im Tod und stürzte sich ins Meer. Die Leute des Königs bemächtigten sich des herrenlosen Schiffes (*wörtlich:* Schiffes ohne Herrn).

Text 5: Wer nie genug hat, ist immer arm …

a   *adnuit* → *adnuere*: zustimmen
    miserere → *misereri*: sich erbarmen
    tinxit → *tingere*: färben

> **!** Machen Sie sich zunächst bewusst, um welche Wortart es sich handelt. Um die richtige Bedeutung herauszufinden, ist es wichtig, auf den Kontext zu achten.

b   Bei *vertatur* liegt kein Deponens vor (Stammformen: *vertere, verto, verti, versum*).

> Rufen Sie sich die Stammformen der Verben ins Gedächtnis, um zu erkennen, ob es sich um einen passiven Infinitiv mit aktiver Bedeutung (Deponens) handelt.

c   • *gaudens* (V. 2): Nom. Sg. m./f./n.;
      hier: m., da *deus* (V. 1) das Bezugswort ist
    • *recepto* (V. 2): Abl./Dat. Sg. m./n.; hier: Abl.
      m., da *altore* (V. 2) das Bezugswort ist
    • *usurus* (V. 3): Nom. Sg. m.;
      Bezugswort: *ille* (V. 3)
    • *nocitura* (V. 5): Nom./Akk. Pl. n.;
      hier: Akk., da *munera* (V. 5) das Bezugswort ist
    • *tollens* (V. 7): Nom. Sg. m./f./n.; hier: m.,
      Bezugswort: keines, gemeint ist Midas
    • *fatentem* (V. 10): Akk. Sg. m./f.;
      hier: m., Bezugswort: keines, gemeint ist Midas
    • *data* (V. 11): Nom./Abl., Sg. f. oder Nom./Akk. Pl. n.;
      hier: Akk. Pl. n., da *munera* (V. 11) das Bezugswort ist
    • *optato* (V. 12): Dat./Abl. Sg. m./n.;
      hier: Abl. m., da *auro* (V. 12) das Bezugswort ist
    • *iussae* (V. 15): Gen./Dat. Sg. f.;
      hier: Dat., da das Bezugswort *aquae* (V. 15) ist.

> Denken Sie bei der Bestimmung nach KNG daran, dass PPA nach der konsonantischen, PPP und PFA nach der a- und o-Deklination dekliniert werden.

d

Aussage			Verbesserung
Ein Ablativus absolutus besteht aus einem Nomen im Ablativ und einem Partizip im Ablativ.	☒ richtig	☐ falsch	
Der Ablativus absolutus kann mit einem Adverbialsatz, einem Präpositionalausdruck und wörtlich wiedergegeben werden.	☐ richtig	☒ falsch	Der Ablativus absolutus kann mit einem Adverbialsatz, einem Präpositionalausdruck und mit Beiordnung wiedergegeben werden. Eine wörtliche Übersetzung ist **nicht** möglich.
Liegt ein PPA vor, bedeutet es, dass die Aussage des Ablativus absolutus im Präsens steht.	☐ richtig	☒ falsch	Liegt ein PPA vor, bedeutet dies, dass **Gleichzeitigkeit** zum Hauptsatz besteht.

e *vertatur:* 3. P. Sg. Konj. Präsens Passiv; der Konjunktiv ist bedingt durch das nach *efficere* zu ergänzende *ut*.

f Huic deus optandi gratum, sed inutile, fecit muneris arbitrium gaudens (altore recepto).

Ille male usurus donis ait: „Effice, quicquid corpore contigero, fulvum vertatur in aurum."
Adnuit optatis nocituraque munera solvit
Liber et indoluit, quod non meliora petisset.
Ad caelumque (manus et splendida bracchia) tollens

„Da veniam, Lenaee pater! Peccavimus", inquit, „sed miserere, precor, speciosoque eripe damno!"

optandi ... muneris: Gerundivwendung, abhängig von *arbitrium*

deus gaudens: PC; *gaudere* steht mit Ablativ.

altore recepto: PC

ille ... usurus: PC (*usurus* = PFA → NZ)

Uti steht mit Ablativ.

fulvum – aurum: Hyperbaton

petisset = *petivisset*

manus et splendida bracchia: Akkusativobjekte zu *tollens*

tollens: PC (Bezugswort: sinngemäß Bacchus)

da, miserere, eripe: Imperative

specioso – damno: Hyperbaton

Mite deum numen: Bacchus peccasse fatentem | Ergänzen Sie eine Form von *esse* zu *mite*.

peccasse = peccavisse (abhängig von *fatentem*)

restituit pactique fide (data munera) solvit: | *Data* bezieht sich auf *munera*, nicht auf *fide*, erkennbar an der kurzen Endsilbe *-a*.

„Neve male optato maneas circumlitus auro, vade", ait, „ad magnis vicinum Sardibus amnem! Subde caput corpusque simul, simul elue crimen!" Rex iussae succedit aquae: (Vis aurea) tinxit flumen et humano de corpore cessit in amnem. | *Circumlitus* bezieht sich auf „du" (*maneas*).

subde und *elue*: Imperative

iussae – aquae: Hyperbaton

Übersetzung:

Der Gott (*gemeint:* Bacchus) gab diesem die willkommene, aber unnütze, freie Entscheidung, sich ein Geschenk zu wünschen, weil er sich über die Rückgabe seines Erziehers freute. Jener, der die Gabe schlecht nutzen wollte, sagte: Bewirke, dass alles, was ich mit meinem Körper berühren werde, sich in funkelndes Gold verwandelt. Liber (*gemeint:* Bacchus) stimmte dem Gewünschten zu, erfüllte ihm die Schaden bringenden Geschenke (*wörtlich:* die Geschenke, die Schaden bringen würden/sollten) und empfand Schmerz darüber, dass er sich nichts Besseres gewünscht hatte. (…)

Er hob seine glänzenden Hände und Arme zum Himmel und sagte: „Hab Nachsicht, lenäischer Vater! Ich habe (*wörtlich:* Wir haben) gesündigt, aber erbarme dich, ich bitte dich, und entreiße mich dem schönen Unheil!" Mild ist das göttliche Walten: Bacchus versetzt ihn, der gestanden hat, dass er gesündigt hat, wieder in seinen alten Zustand zurück und nimmt das treu der Abmachung gewährte Geschenk zurück: „Damit du nicht mit dem zu deinem Schaden (*wörtlich:* Übel) gewünschten Gold überzogen bleibst", sagte er, „geh zu dem Strom, der dem großen Sardis benachbart ist! Tauche deinen Kopf und deinen Körper gleichzeitig ein, gleichzeitig wasche das Verbrechen ab!" Der König geht (*historisches Präsens*) – wie befohlen – zum Wasser (*wörtlich:* zu dem befohlenen Wasser): Die Kraft des Goldes (*wörtlich:* goldene Kraft) hat den Fluss gefärbt und ist von dem menschlichen Körper in den Strom übergegangen.

Text 6: Frauen zu beaufsichtigen nützt nichts!

a – ᴗ ᴗ | – ᴗ ᴗ | – ᴗ ᴗ | – – | – ᴗ ᴗ | – x
   Dure vir, inposito tenerae custode puellae
           – ᴗ ᴗ | – ᴗ ᴗ | – ‖ –   ᴗ ᴗ | – ᴗ ᴗ|x
   nil agis; ingenio ẹst quaeque tuenda suo.

-*ae* (bei *tenerae*) ist eine Naturlänge, da die Silbe einen Diphthong enthält.
in- ist lang (V. 1 und V. 2); zwei Konsonanten treffen aufeinander: *n + p (inposito)* und *n + g (ingenio)* → Positionslänge, ebenso bei *custode (s + t)*
quae: Naturlänge aufgrund des Diphthongs -*ae*;
-*ni (in-ge-**ni**-o)* ist kurz, da auf einen Vokal -*i* ein weiterer Vokal -*o* folgt.
Bei *ingenio **est*** handelt es sich um eine Aphärese.

     – ᴗ ᴗ | – – | – – | – ᴗᴗ | – ᴗ ᴗ | – x
Siqua metu dempto casta ẹst, ea denique casta ẹst;

-*tu* (bei *metu*): Naturlänge, aufgrund des langen Vokals -*u* (Ablativ)
Bei *casta **est*** handelt es sich um eine Aphärese (zweimal).

     –   ᴗ ᴗ | –   ᴗ ᴗ | – ‖ –   ᴗ ᴗ | – ᴗ ᴗ | x
quae, quia non liceat, non facit, illa facit! (…)

qui- in *quia* ist kurz, da auf den Vokal -*i* ein weiterer Vokal -*a* folgt, ebenso bei -*ce-* (*liceat*).

b *inposito tenerae custode* (V. 1): Vorzeitigkeit
   metu dempto (V. 3): Vorzeitigkeit
   omnibus occlusis (V. 6): Vorzeitigkeit

inposito, dempto und *occlusis* sind PPP-Formen. Daher handelt es sich bei allen Abl. abs. um vorzeitige Zeitverhältnisse.

c *est … tuenda* (V. 2): prädikatives Gerundiv
   vetando (V. 9): Gerundium

d In V. 4 und V. 7 bedeutet *licet* „es ist erlaubt"/ „es ist möglich", in V. 4 steht es ohne weitere Bezugswörter, in V. 7 hat es einen Subjektsinfinitiv bei sich. In V. 5 bedeutet es „wenn auch, mag auch, obwohl" – es ist also konzessiv gebraucht – und bedingt einen Konjunktiv.

e *Cui peccare licet, ea peccat minus.*

Da es sich um die Liebhaberin handelt, wird eine feminine Form ergänzt.

f Bei *corpore* handelt es sich um einen Ablativus comparationis.

Der Abl. comparationis ersetzt *quam* mit einem Nominativ oder Akkusativ. Er findet sich bei Vergleichen. Im vorliegenden Fall steht er nach *maius* (V. 15).

g Dure vir, inposito tenerae custode puellae

dure vir: Vokativ

inposito ... custode: Abl. abs., kann hier auch aktivisch wiedergegeben werden

tenerae – puellae: Hyperbaton

  nil agis; ingenio est quaeque tuenda suo.

nil: Kurzform von *nihil*
tuenda: präd. Gerundiv

Siqua metu dempto casta est, ea denique casta est;
  quae, quia non liceat, non facit, illa facit! (...)
Nec corpus servare potes, licet omnia claudas;

siqua = si aliqua
metu dempto: Abl. abs.
Ergänzen Sie gedanklich *ut* nach *licet* (erklärt den Konjunktiv bei *claudas*).

  omnibus occlusis intus adulter erit.
Cui peccare licet, peccat minus; ipsa potestas
  semina nequitiae languidiora facit.
Desine, crede mihi, vitia inritare vetando; (...)
Quidquid servatur cupimus magis, ipsaque furem
  cura vocat; pauci, **quod** sinit alter, amant.
Nec facie placet illa sua, sed amore mariti;
  nescio quid, quod te ceperit, esse putant.

omnibus occlusis: Abl. abs.

desine und *crede:* Imperative
Übersetzen Sie das Gerundium *vetando* mit einem Substantiv. Ergänzen Sie *amare* im *quod*-Satz (Relativsatz).

Non proba fit, quam vir servat, sed adultera cara;   Ergänzen Sie gedanklich *ea* als Bezugswort zu *quam*.

ipse timor pretium corpore maius habet.   *corpore*: Abl. comparationis, abhängig von *pretium maius*

Übersetzung:
Hartherziger Mann, du bewirkst nichts dadurch, dass du dem zarten Mädchen einen Wächter auferlegst (*wörtlich:* du richtest nichts aus, dadurch dass … auferlegt worden ist). Jede muss sich durch ihre eigene Art bewahren (*wörtlich:* muss … bewahrt werden). Wenn eine keusch ist, nachdem (ihr) die Furcht genommen worden ist, ist sie das wirklich (*wörtlich:* ist diese überhaupt keusch). Jene, die (*ergänzen Sie:* etwas) nicht tut, weil es nicht erlaubt ist, tut es (*ergänzen Sie sinngemäß:* in Wirklichkeit doch). (…)
Den Körper kannst du nicht bewachen, auch wenn du alles verschließt; der Liebhaber wird drinnen sein, auch wenn (*wörtlich:* nachdem) alles verschlossen ist. Die sündigt weniger, der es möglich ist, zu sündigen; allein schon die Möglichkeit (*wörtlich:* die Möglichkeit selbst) macht die Samen/Keime für eine leichtfertige Tat schwächer. Glaube mir, höre auf, durch Verbote (*wörtlich:* Verbieten) die Laster herauszufordern (*freier:* sie zum Laster zu reizen). (…)
Alles, was bewacht wird, begehren wir mehr und die Sorge (*gemeint:* Vorsicht) selbst ruft den Dieb herbei. Wenige lieben, was (ihnen) ein anderer (zu lieben) erlaubt. Jene gefällt nicht aufgrund ihres Gesichtes (*wörtlich:* durch ihr Gesicht), sondern aufgrund der Liebe (*wörtlich:* durch die Liebe) ihres Ehemannes; man glaubt (*wörtlich:* sie glauben), dass es irgendetwas gibt, was dich bezwungen (*wörtlich:* erobert) hat. Nicht die wird anständig, die ihr Mann bewacht, sondern sie wird eine teure Geliebte; die Angst selbst hat einen größeren Wert als ihr Körper (*gemeint:* verleiht ihr einen höheren Wert).

Text 8: Rede der Venus vor Neptun

a
```
 — —  | ⏑ ⏑ | — ⏑ ⏑  |    ⏑ ⏑ | — ⏑ ⏑ | — ×
Iunonis gravis  ira neque exsaturabile pectus
```

neque exsaturabile: Elision, d. h., der erste Vokal wird unterdrückt.

```
 — —  | —  — | — ⏑  ⏑ | — | — ⏑  ⏑ | — ×
cogunt me, Neptune, preces descendere in omnis;
```

-gunt (co-gunt) ist positionslang, da drei Konsonanten nach einem Vokal aufeinandertreffen: nt + m (*cogunt me*); ebenso ist *Nep-* lang, da p + t zusammentreffen (*Nep-tu-ne*); *des-* und *-cen* sind lange Silben, da s + c sowie n + d aufeinanderstoßen (*des-cen-de-re*).
preces: muta cum liquida
descendere in: Elision → „e" wird unterdrückt.

```
 —   — |⏑ ⏑|— ⏑⏑|—   —  |⏑ ⏑ |— ×
quam nec longa dies pietas nec mitigat ulla,
```

c + l (*nec longa*), s +n (*pi-e-tas nec*), c + m (*nec mi-ti-gat*) → Positionslängen
Die Silbe di- (*di-es*) ist kurz, da auf einen Vokal -i ein weiterer Vokal -e folgt.

```
 —  ⏑ ⏑ | — ⏑ ⏑ | — — |   — | ⏑ ⏑ | — ×
nec Iovis imperio fatisque infracta quiescit.
```

Die Silbe -ri- (*im-pe-ri-o*) ist kurz, da auf einen Vokal -i ein weiterer Vokal -o folgt.
m + p (*im-pe-ri-o*), n +f (*in-frac-ta*) → Positionslängen
fa-tis: Naturlänge (Abl. Pl.)

b At Venus interea Neptunum exercita curis
adloquitur talisque effundit pectore questus:
„Iunonis gravis ira neque exsaturabile pectus
cogunt me, Neptune, preces descendere in omnis;
quam nec longa dies pietas nec mitigat ulla,
nec Iovis imperio fatisque infracta quiescit. (…)
Ipse mihi nuper Libycis tu testis in undis,

quam molem subito excierit: maria omnia caelo
miscuit (…);
in regnis hoc ausa tuis.
Per scelus ecce etiam Troianis matribus actis
exussit foede puppis et classe subegit
amissa socios ignotae linquere terrae.
Quod superest, oro, liceat dare tuta per undas
vela tibi, liceat Laurentem attingere Thybrim,
si concessa peto, si dant ea moenia Parcae."

c   *Venus … exercita* (V. 1) ist ein **Participium coniunctum**, ebenso *infracta* in V. 6.

Bei beiden Partizipien handelt es sich um PPP-Formen, die sich auf Venus beziehen.

Bei *Troianis matribus actis* und *classe amissa* (V. 11–13) handelt es sich jeweils um einen **Ablativus absolutus**.

actis und *amissa*: PPP-Formen → Vorzeitigkeit!

Bei *concessa* (V. 16) handelt es sich um ein **Partizip**, das den Charakter eines Substantivs besitzt: „etwas, das erlaubt worden ist" → „Erlaubtes"

Es liegt ein PPP ohne Bezugswort vor.

d   *curis:* Abl. Pl. (zu *cura*)

erklärbar als Abl. instrumentalis oder Abl. causae

talis(que): eigentlich *tales* (Akk. Pl)

bezogen auf *questus*

Iunonis: Gen. Sg. (zu *Iuno*)

gravis: (Nom. Sg. f.)

bezogen auf *ira*

omnis: eigentlich *omnes* (Akk. Pl.)

bezogen auf *preces*

Iovis: Gen. Sg. (zu *Iuppiter*)

fatis(que): Abl. Pl. (zu *fatum*)

erklärbar als Abl. instr.

puppis: eigentlich *puppes* (Akk. Pl.)

e   V. 5: Grammatikalisch gesehen ist *quam* auf *ira*, sinngemäß auf *Juno* zu beziehen → relativer Satzanschluss. V. 8: *Quam* ist hier ein (auf *molem* bezogenes) Interrogativpronomen, das wie das Relativpronomen im Nom. mit „welcher, -e, -es" zu übersetzen ist.

Dass es sich hier um ein Fragepronomen handelt, ergibt sich eindeutig aus dem Modus Konjunktiv.

In indirekten Fragesätzen wird der Konjunktiv gesetzt.

f • Vor *pectore* stünde in der Prosa gängigerweise *e/ex*.

Bei Vergil entfallen öfters Präpositionen; der Kasus allein drückt die entsprechende Funktion aus.

• In beiden Fällen ist Juno das Subjekt.

g At Venus interea Neptunum exercita curis

Venus ... exercita: PC
curis: Ablativobjekt zu *exercita*

adloquitur talisque effundit pectore questus:
„Iunonis (gravis ira) neque (exsaturabile pectus)

adloquitur: Deponens
talis – questus: Hyperbaton
Ergänzen Sie *ex* vor *pectore*.

cogunt me, Neptune, preces descendere in omnis;

preces – omnis: Hyperbaton
omnis = omnes: In der Dichtung wird der Akk. Plural der 3. Deklination oft mit *-is* statt *-es* gebildet.

quam nec (longa dies) pietas nec mitigat ulla,
nec Iovis (imperio fatisque) infracta quiescit. (...)

pietas – ulla: Hyperbaton

imperio fatisque: Ablativobjekte, abhängig von *infracta*

Ipse mihi nuper Libycis tu testis in undis, quam molem subito excierit: maria omnia caelo miscuit (...);

Libycis – undis: Hyperbaton

in regnis hoc ausa tuis.
Per scelus ecce etiam Troianis matribus actis
exussit foede puppis et classe subegit
amissa socios ignotae linquere terrae.

regnis – tuis: Hyperbaton
Troianis ... actis: Abl. abs.

classe ... amissa: Abl. abs.
ignotae – terrae: Hyperbaton; Lokativ

Quod superest, oro, liceat dare tuta per undas

tuta – vela: Hyperbaton
Ergänzen Sie *ut* nach *oro*: Dies erklärt den doppelt vorliegenden Konjunktiv *liceat*.

vela tibi, liceat Laurentem attingere Thybrim,

Laurentem – Thybrim: Hyperbaton

si concessa peto, si dant ea moenia Parcae."

concessa: substantiviertes Partizip im Akk. Pl. n.

Übersetzung:

Inzwischen spricht Venus jedoch – von Sorgen gequält – Neptun an und lässt aus ihrer Brust solche Klagen entströmen: „Junos heftiger Zorn und ihre Unersättlichkeit (*wörtlich:* ihr unersättlicher Geist) zwingen mich, Neptun, mich auf alle (*ergänzen Sie:* möglichen) Bitten einzulassen (*wörtlich:* herabzusteigen zu ...); diese macht weder die lange Zeit noch irgendeine Frömmigkeit milder und sie ruht nicht, da weder Jupiters Befehl noch das Schicksal sie brechen konnten (*wörtlich:* ungebrochen durch das Schicksal ...). (...) Du selbst warst mir neulich Zeuge in libyschen Gewässern, welchen Sturm sie plötzlich erregt hat. Sie türmte die ganzen Meeresfluten zum Himmel (*wörtlich:* vermischte alle Meeresfluten mit dem Himmel) (...); in deinem Reich hat sie dies gewagt.

Sieh, nun hat sie sogar verbrecherisch die trojanischen Mütter angetrieben und dann schändlich die Schiffe in Brand gesetzt und nach dem Verlust der Flotte dazu gezwungen, die Gefährten im unbekannten Land (*wörtlich:* dem unbekannten Land) zurückzulassen. Ich bitte darum, denn es bleibt mir nichts anderes übrig (*wörtlich:* Ich bitte darum, was übrig bleibt), dass du es (*ergänzen Sie:* ihm) erlaubst, sicher durch das Meer zu segeln, dass du es erlaubst, an den latinischen Tiber zu kommen (*wörtlich:* den latinischen Tiber zu berühren), wenn ich um Erlaubtes bitte und wenn die Parzen (*ergänzen Sie:* ihm) diese Mauern geben.

Text 9: Der Steuermann Palinurus

a
- Iamque fere mediam caeli Nox umida metam
contigerat, placida laxabant membra quiete
(...) nautae, (...)
cum levis aetheriis delapsus Somnus ab astris
aera dimovit tenebrosum et dispulit umbras,
te, Palinure, petens, tibi somnia tristia portans
insonti; puppique deus consedit in alta
Phorbanti similis funditque has ore loquelas:
„Iaside Palinure, ferunt ipsa aequora classem,
aequatae spirant aurae, datur hora quieti.
Pone caput fessosque oculos furare labori.
Ipse ego paulisper pro te tua munera inibo."
Cui vix attollens Palinurus lumina fatur:
„Mene salis placidi vultum fluctusque quietos
ignorare iubes? Mene huic confidere monstro?
Aenean credam (...) fallacibus auris
(...) caeli totiens deceptus fraude sereni?"
Talia dicta dabat.
Ecce deus ramum Lethaeo rore madentem
vique soporatum Stygia super utraque quassat
tempora cunctantique natantia lumina solvit.

Zwischen *Iam ... contigerat* und *placida ... nautae* sollte gedanklich ein „und" ergänzt werden.

aera: Akk. Sg. von *aer*

Die PPA-Formen *petens* und *portans* beziehen sich auf *Somnus*.

- – ∪ ∪ |– ∪ ∪ |– |– – |– ∪ ∪ |– x
  Iamque fere mediam caeli Nox umida metam
  – ∪ ∪ |– ∪ ∪ |– |– – | – ∪ ∪ |– x
  contigerat, placida laxabant membra quiete
- Die Endung -a ist hier eine Länge, also muss es sich bei *placida* um einen Abl. Sg. f. handeln.

Tragen Sie zunächst alle festen Versfüße ein. Dann identifizieren Sie Längen und Kürzen nach den Regeln zur lateinischen Metrik (siehe „Fokus" Text 8).

b Der Text enthält eine Reihe von Participia coniuncta, allerdings keinen Ablativus absolutus:
- *Delapsus* (V. 4) ist das PPP zu dem Deponens *delabi*, bezogen auf *Somnus*. Damit ist das Partizip vorzeitig (= VZ), wobei die Partizipien der Deponentien gerne auch gleichzeitig (= GZ) übersetzt werden.
- *Petens* und *portans* (V. 6) sind (gleichzeitig zu übersetzende) PPA-Formen, ebenso bezogen auf *Somnus*.
- *Aequatae* (V. 10), bezogen auf *aurae*, ist ein PPP (VZ).
- Das (gleichzeitig zu übersetzende) PPA *attollens* in V. 13 bezieht sich auf *Palinurus*.
- *Deceptus* (V. 17) stellt ein PPP dar und ist auf den *Palinurus* als Sprecher bezogen (VZ).
- *Madentem* (PPA → GZ) und *soporatum* (PPP → VZ) in V. 19 und 20 beziehen sich auf *ramum*.
- *Cunctanti* (V. 21) ist eine fast zum Substantiv („der Zögernde") gewordene, inhaltlich auf *Palinurus* bezogene PPA-Form (GZ).

! Bei der Zuordnung der Partizipien zu ihren Bezugswörtern ist es wichtig, dass Sie auf die KNG-Kongruenz achten.

c *Cum* muss „als plötzlich" heißen, da es sich um ein indikativisches *cum* handelt und offensichtlich ein einmaliges und eher überraschendes Ereignis vorliegt.

Lesen Sie zur Verwendung von *cum* den „Fokus" dieses Kapitels.

d In V. 15 ist *iubes* zu ergänzen.

e Bei *credam* handelt es sich um eine Überlegungsfrage (Deliberativ). Demnach muss der Konjunktiv ausgedrückt werden (Soll ich …?). Es liegt ein Konjunktiv im Hauptsatz vor.

Der Deliberativ ist daran zu erkennen, dass ein Fragezeichen als Satzzeichen sowie der Konjunktiv Präsens in der 1. P. Sg. stehen.

f
- *lumen:* Auge(nlicht), hier: Blick
- *sal, salis:* hier: Meer
- *tempus:* hier: Schläfe (nicht „Zeit")
- Das Deponens *furari* bedeutet: stehlen, entwenden, entziehen (hier: entziehen).

Bei Substantiven finden Sie die deutsche Bedeutung im Wörterbuch unter der Form im Nominativ, bei Verben (meist) unter der Form in der 1. P. Sg.

g   Iamque fere mediam caeli (Nox umida) metam

contigerat, placida laxabant membra quiete
(…) nautae, (…)
cum levis aetheriis delapsus Somnus ab astris
aera dimovit tenebrosum et dispulit umbras,

te, Palinure, petens, tibi (somnia tristia) portans

insonti; puppique deus consedit in alta

Phorbanti similis funditque has ore loquelas:
„Iaside Palinure, ferunt (ipsa aequora) classem,
aequatae spirant aurae, datur hora quieti.

Pone caput (fessosque oculos) furare labori.

Ipse ego paulisper pro te (tua munera) inibo."

mediam – metam: Hyperbaton

placida – quiete: Hyperbaton

Beachten Sie, dass *cum* hier mit Indikativ steht.
delapsus: PPP von *delabi* (= Deponens), aktivisch zu übersetzen
Lösen Sie das PC *delapsus Somnus* mit Beiordnung auf.
aetheriis – astris: Hyperbaton
aera – tenebrosum: Hyperbaton
Akk. Sg. von *aer* = *aera* **und** *aerem*

Palinure: Vokativ von *Palinurus*
petens und *portans:* PC mit *Somnus* als Bezugswort; lösen Sie mit Beiordnung auf.
tibi – insonti: Hyperbaton

Puppis gehört zu den i-Stämmen, die im Abl. Sg. die Endung -i aufweisen.
puppi – alta: Hyperbaton

Similis steht mit Dativ. Ergänzen Sie *ex* vor *ore*.

Übersetzen Sie das PPP *aequatae* als adjektivisches Attribut, bezogen auf *aurae*.

pone und *furare:* Imperative
Beachten Sie: *caput* ist Neutrum, d. h., der Akkusativ lautet ebenfalls *caput*.

Cui vix attollens Palinurus lumina fatur:

„Me<u>ne</u> (salis placidi) vultum (fluctusque quietos) ignorare iubes? Me<u>ne</u> huic confidere monstro? Aenean credam (…) (fallacibus auris) (…) <u>caeli</u> totiens <u>deceptus</u> fraude <u>sereni</u>?" (Talia dicta) dabat.

Ecce deus ramum (Lethaeo rore) madentem

<u>vi</u>que soporatum Stygia super utraque quassat

<u>tempora</u> cunctantique (natantia lumina) solvit.

!

Bei *Cui* liegt ein relativer Satzanschluss vor.

-ne → bleibt unübersetzt

Confidere zieht den Dativ nach sich.

Deceptus bezieht sich hier auf „ich" (= Palinurus).

caeli – sereni: Hyperbaton

ramum: Akk. zu *quassat*

Madentem und *soporatum* beziehen sich auf *ramum*.

Lethaeo rore: Ablativ zu *madentem*

vi – Stygia: Hyperbaton; Ablativ zu *soporatum*

utraque – tempora: Hyperbaton

Übersetzung:
(Und) schon hatte die feuchte Nacht beinahe den Wendepunkt der Himmelsachse berührt und entspannten die Seeleute ihre Glieder sanft in friedlicher Ruhe, als (plötzlich) von den Sternen am Himmel der flüchtige Schlaf(gott) herabglitt, die dunkle Luft auseinanderschob und die Schatten zerstreute; dich, Palinurus, suchte er auf und brachte dir Schuldlosem traurige Träume. Der Gott setzte sich auf das hohe Hinterdeck, dem Phorbas ähnlich, und ließ aus seinem Mund diese Worte entströmen: „Iaseussohn Palinurus, das Meer selbst trägt die Flotte, die Luft weht gleichmäßig und die Stunde wird der Ruhe gewidmet. Bette dein Haupt (*ergänzen Sie:* hier) und entziehe die müden Augen der Anstrengung. Ich selbst werde für dich deine Geschäfte ein Weilchen erledigen." Palinurus hob den Blick (*wörtlich:* die Augen) kaum zu ihm und sagte: „Du befiehlst mir, das Gesicht des friedlichen Meeres und die ruhigen Fluten zu misskennen? Du befiehlst mir, diesem Ungeheuer zu vertrauen? Soll ich Äneas (…) den trügerischen Lüften anvertrauen, der ich doch so oft durch die Hinterlist des heiteren Himmels getäuscht wurde? Solche Worte sprach er. Schau, da schüttelt der Gott einen Zweig, der vom Tau der Lethe triefte und mit stygischer Kraft den Schlaf brachte, über beide Schläfen und löst dem Zögernden die (ver)schwimmenden Blicke.

Text 11: Gaunergeschichten

Text a

a **Adverbien:**
facillime: Superlativ des Adverbs *facile*

propius: Komparativ des Adverbs *prope*
diligentius: Komparativ des Adverbs *diligenter*
plane: Adverb in der Grundform
(von *planus, -a, -um*)
temere: Adverb in der Grundform

keine Adverbien:
deficiente

opportunissima

super
ipse

	Zur Bildung und Steigerung von Adverbien: siehe „Fokus"
deficiente	Es handelt sich um das PPA von *deficere* im Abl. Sg.
opportunissima	Es liegt ein Adjektiv (Superlativ) vor.
super	*Super* ist eine Präposition.
ipse	Es handelt sich um ein Demonstrativpronomen.

b *Veniebamus in forum deficiente iam die* (Z. 1) — Abl. abs.

raptum … pallium (Z. 3) — Participium coniunctum (PPP, am besten wörtlich zu übersetzen)

nec diu moratus rusticus (Z. 6) — Participium coniunctum (PPP, am besten mit Adverbialsatz zu übersetzen)

subito exanimatus conticuit (Z. 9) — (PPP, am besten wörtlich zu übersetzen)

c *venalium* → *venalis, -e:* käuflich
latrocinio → *latrocinium:* Raubzug
detulissemus → *defero:* hinbringen — Beachten Sie die unregelmäßigen Stammformen *deferre, -fero, -tuli, -latum*.

laciniam → *lacinia:* Zipfel
emptorem → *emptor:* Käufer
coepit → *incipio:* anfangen — Beachten Sie die unregelmäßigen Stammformen *incipere, incipio, coepi, coeptum*.

d

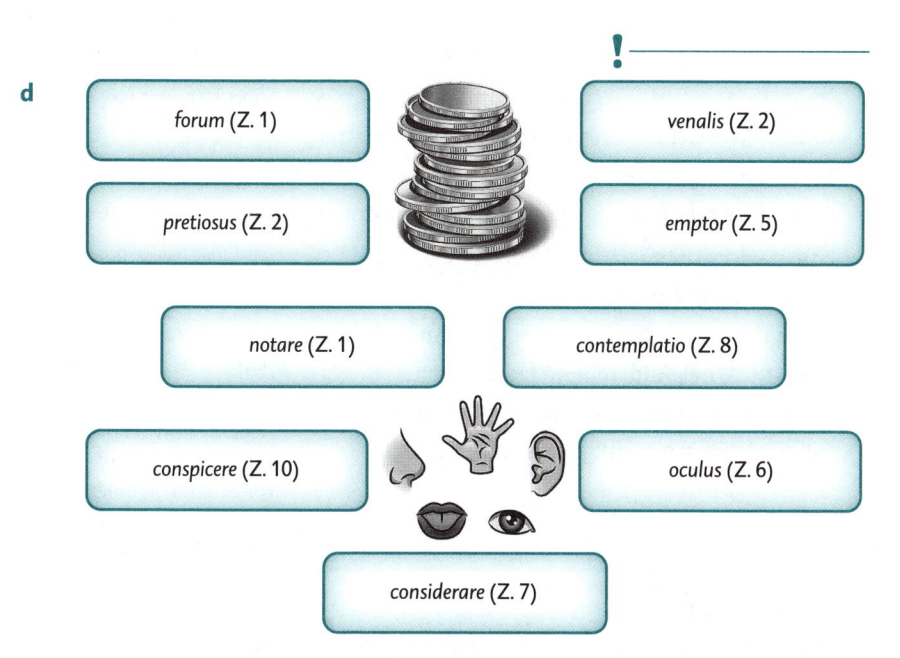

- forum (Z. 1)
- venalis (Z. 2)
- pretiosus (Z. 2)
- emptor (Z. 5)
- notare (Z. 1)
- contemplatio (Z. 8)
- conspicere (Z. 10)
- oculus (Z. 6)
- considerare (Z. 7)

e Der Ablativ bei *occasione* lässt sich dadurch begründen, dass das Verb *uti* den Ablativ nach sich zieht.

Uti zählt zu den Deponentien.

f Veniebamus in forum deficiente iam die, in quo notavimus frequentiam (rerum venalium), non quidem pretiosarum, sed tamen quarum fidem (…) obscuritas temporis facillime tegeret.

deficiente … die: Lösen Sie den Abl. abs. mit einem Adverbialsatz oder Präpositionalausdruck auf.
in quo …: Relativsatz

Cum ergo et ipsi raptum latrocinio pallium detulissemus, uti (occasione opportunissima) coepimus atque in (quodam angulo) (laciniam extremam) concutere, si quem forte emptorem splendor vestis posset adducere.
Nec diu moratus rusticus quidam familiaris (oculis meis) cum (muliercula comite) propius accessit ac diligentius considerare pallium coepit.

Achten Sie auf die VZ des *cum*-Satzes zum Hauptsatz.
Uti steht mit Ablativ.

quem = aliquem (nach *si* fällt *ali-* weg)

Cum ist hier eine Präposition.
Comes muss hier Begleiterin heißen, da *muliercula* (f.!) als Adjektiv darauf bezogen ist.

Invicem Ascyltos iniecit contemplationem super umeros (rustici emptoris), ac subito exanimatus conticuit.
Ac ne ipse quidem sine (aliquo motu) hominem conspexi, nam videbatur ille mihi esse, qui tunicam in solitudine invenerat.
Plane is ipse erat. Sed cum Ascyltos timeret fidem oculorum, ne quid temere faceret, prius tanquam emptor propius accessit detraxitque umeris laciniam et diligentius temptavit.

Super steht mit Akkusativ.

Sine steht mit Ablativ.
qui ... invenerat: Relativsatz

Achten Sie auf die GZ des *cum*-Satzes zum Hauptsatz.
quid = aliquid
Achten Sie in der deutschen Übersetzung darauf, dass vor dem mit *ne* eingeleiteten Nebensatz ein Teil des Hauptsatzes stehen sollte.

Übersetzung:
Wir kamen, als der Tag sich schon neigte, zum Marktplatz, auf dem wir eine Menge von Waren (*wörtlich:* käuflicher Sachen) bemerkten, die freilich nicht wertvoll waren, deren fragwürdige Zuverlässigkeit das Dunkel der (*ergänzen Sie:* Abend-)Zeit aber sehr leicht verdeckte. Da auch wir selbst den geraubten (*eigentlich liegt ein Pleonasmus vor:* den durch einen Raubzug geraubten) Mantel mitgebracht hatten, begannen wir uns dieser sehr günstigen Gelegenheit zu bedienen und in einem bestimmten Winkel den äußersten Zipfel zu schwingen, in der Hoffnung, dass vielleicht (*wörtlich:* ob vielleicht) der Glanz des Kleidungsstückes irgendeinen Käufer anlocken könnte. Ohne lange zu zögern, kam ein bestimmter mir (*wörtlich:* meinen Augen) vertrauter Bauer mit einer weiblichen Begleitung näher heran und begann den Mantel recht genau zu betrachten. Ascyltos warf seinerseits (*wörtlich:* wechselweise) einen Blick auf die Schultern des kaufwilligen Bauern und verstummte plötzlich (*ergänzen Sie:* ganz) aus der Fassung gebracht. Auch ich selbst sah den Mann mit einiger Erregung (*wörtlich:* Nicht einmal ich selbst sah ... ohne Erregung) an, denn jener schien mir derjenige zu sein, der in der Einsamkeit das Hemd gefunden hatte. Ganz bestimmt war er es! Da aber Ascyltos der Zuverlässigkeit seiner Augen misstraute, trat er, um nicht vorschnell zu handeln, wie ein Käufer näher heran, zog einen Zipfel von den Schultern und prüfte ihn recht genau.

Text b

g
- Ein Participium coniunctum liegt bei *vendentis* (Z. 3) vor (substantiviert gebraucht).
- *Depositum* (Z. 3) ist ein Substantiv, das aus einer PPP-Form entstanden ist.

! _____

vendentis = PPA im Gen. Sg.

Inviolatus und *intactis* hingegen sind wie Adjektive gebrauchte PPP-Formen.

h O lusum fortunae mirabilem!
Nam adhuc ne suturae quidem attulerat rusticus (curiosas manus), sed tanquam mendici spolium etiam fastidiose venditabat.
Ascyltos postquam depositum esse inviolatum vidit et personam vendentis contemptam, seduxit me paululum a turba et:

tanquam = *tamquam*

fastidiose = Adverb

Beachten Sie, dass *postquam* im Lateinischen mit Perfekt steht.

depositum und *personam* = Akkusative zu dem mit *vidit* eingeleiteten AcI.
inviolatum esse und *contemptam (esse)* = Infinitive

„Scis", inquit, „frater, rediisse ad nos thesaurum, de quo querebar?

thesaurum = Akkusativ zu dem mit *scis* eingeleiteten AcI, *rediisse* = Infinitiv
queri (de): Deponens

Illa est tunicula adhuc, ut apparet, (intactis aureis) plena.

ut + Indikativ!
Plena bezieht sich auf *tunicula* und steht mit Ablativ.

Quid ergo facimus aut (quo iure) (rem nostram) vindicamus?" (…)

quid und *quo*: Interrogativpronomina

Übersetzung:

Was für ein sonderbares Spiel des Schicksals! Denn noch hatte der Bauer seine neugierigen Hände nicht (einmal) an die Naht gelegt, sondern (*ergänzen Sie:* versuchte), das Hemd sogar wie die Beute eines Bettlers voller Widerwillen zu verkaufen. Nachdem Ascyltos gesehen hatte, dass die Ablage (*wörtlich:* das Abgelegte) unversehrt und die Person des Verkäufers eine ärmliche war, führte er mich ein wenig von der Menge weg und sagte: „Weißt du, Bruder, dass der Schatz, von dem ich dir vorklagte, zu uns zurückgekehrt ist? Das ist das Hemdchen, das, wie es scheint, noch mit den unberührten Goldstücken gefüllt ist. Was also tun wir oder mit welchem Recht beanspruchen wir unser Eigentum (für uns)?"

Lösungen: Petron

Text c

i vel → sogar (steigernd)
addicere → verkaufen

In Verbindung mit *minoris* und entsprechend dem Kontext ist „verkaufen" die passendste Übersetzung.

j

A	B	C
2	5	6

k Contra Ascyltos: „Quis," aiebat, „(hoc loco) nos novit aut quis habebit dicentibus fidem? Mihi plane placet emere, quamvis nostrum sit,

quod agnoscimus, et (parvo aere) recuperare thesaurum potius, quam in (ambiguam litem) descendere."
Sed praeter (unum dipondium) nihil ad manum erat.
Itaque ne interim praeda discederet, vel minoris pallium addicere placuit, ut pretium maioris compendii leviorem faceret iacturam.

Cum primum ergo explicuimus mercem, mulier

(operto capite), quae cum rustico steterat, inspectis diligentius signis iniecit utramque laciniae manum magnaque vociferatione latrones tenere clamavit.

Contra nos perturbati, ne videremur nihil agere, et ipsi scissam et sordidam tenere coepimus tunicam atque (eadem invidia) proclamare nostra

esse spolia, quae illi possiderent.

contra: hier: Adverb
Quis: Interrogativpronomen
hoc loco: Abl. loci
dicentibus: Ergänzen Sie *nobis.*

quod agnoscimus: Relativsatz

Quam ist mit *potius* zu verbinden.

Praeter steht mit Akkusativ.

placuit: Ergänzen Sie *nobis.*
Leviorem bezieht sich auf *iacturam.*

Cum primum (= sobald als) zieht im Lateinischen das Perfekt nach sich.

inspectis … signis: Lösen Sie den Abl. abs. aktivisch und mit Beiordnung auf.

Utramque bezieht sich auf *manum.*

perturbati: PPP, bezogen auf *nos*

Scissam und *sordidam* beziehen sich auf *tunicam.*

Der Konjunktiv (*possiderent*) erklärt sich durch die, wenn auch kurze, indirekte Rede.

Sed (nullo genere) par erat causa, et cociones, qui ad clamorem confluxerant, nostram scilicet de more ridebant invidiam (…).

nullo genere: Abl. modi
Nostram bezieht sich auf *invidiam*.

Übersetzung:
Ascyltos dagegen sagte: „Wer kennt uns an diesem Ort oder wer wird uns Glauben schenken, wenn wir etwas sagen? Mir scheint es auf alle Fälle gut, (*ergänzen Sie:* das Hemd) zu kaufen, auch wenn das, was wir wiedererkennen, uns gehört, und lieber für eine geringe Summe unseren Schatz wiederzugewinnen, als uns auf einen zweifelhaften Rechtsstreit einzulassen." Aber außer einem einzigen Zwei-As-Stück hatten wir nichts bei der Hand. Damit die Beute daher nicht inzwischen verschwinde, beschlossen wir, den Mantel sogar für einen geringeren Preis zu verkaufen, damit der größere Gewinn (*wörtlich:* der Wert eines größeren Gewinnes) den Verlust leichter mache. Als wir also die Ware ausgebreitet hatten, betrachtete die Frau, die bei dem Bauern gestanden war, mit bedecktem Haupt genauer ihre Merkmale, legte beide Hände auf das Gewand und brüllte mit lautem Geschrei, man solle die Diebe halten (*wörtlich:* die Diebe zu halten). Wir dagegen waren bestürzt und begannen, damit es nicht so schien, als täten wir nichts, selbst das zerrissene und schmutzige Hemd festzuhalten und mit gleicher Empörung zu schreien, das Kleidungsstück (*auch:* die Beute) in ihrem Besitz (*wörtlich:* das sie besäßen) gehöre uns. Aber der Rechtshandel (*wörtlich:* die Rechtssache) war keineswegs ebenbürtig und die Makler, die auf das Geschrei hin zusammengelaufen waren, lachten, wie es freilich ihrer Art entspricht, über unsere Empörung (…).

Text d

l *risum discutere* → wörtlich: ein Lachen verjagen; freier: ein Lachen unterdrücken
querelam inspicere → wörtlich: eine Beschwerde untersuchen; freier: sich der Streitsache annehmen

m

Textstelle							
silentio facto (Z. 1)	☒	Abl. abs.	☐	Abl. modi	☐	PC	
reddant (Z. 2)	☐	Deliberativ	☒	Jussiv	☐	Irrealis	
metu **criminis** (Z. 9)	☐	Gen. partitivus	☒	Gen. obiectivus	☐	Gen. pretii	
Indignatus … rusticus (Z. 10)	☐	Abl. abs.	☐	Gerundium	☒	PC	
exhibendum (Z. 10)	☐	Adjektiv	☐	Gerundium	☒	Gerundiv	

n Es liegt eine indirekte Rede (Oratio obliqua) vor.

o (…) Hinc Ascyltos bene risum discussit, qui silentio facto: „Videmus", inquit, „suam cuique rem esse carissimam;

reddant nobis (tunicam nostram) et (pallium suum) recipiant."
Etsi rustico mulierique placebat permutatio, advocati tamen iam nocturni, qui volebant pallium lucri facere, flagitabant, uti apud se utraque deponerentur ac (postero die) iudex querelam inspiceret. Neque enim res tantum, quae viderentur in controversiam esse, sed longe aliud quaeri, quod in (utraque parte) scilicet latrocinii suspicio haberetur. (…)

silentio … facto: Abl. abs.
suam rem = Akkusativ zu dem mit *Videmus* eingeleiteten AcI, *(carissimam) esse* = Infinitiv

reddant und *recipiant*: Jussiv

uti = *ut* (+ Konjunktiv)

postero die: Abl. temporis auf die Frage „Wann?"

Apparebat nihil aliud quaeri nisi ut semel deposita vestis inter praedones strangularetur, et nos metu criminis non veniremus ad constitutum.

(...) (Utriusque partis) votum casus adiuvit.

Indignatus enim rusticus, quod nos centonem exhibendum postularemus, misit in faciem

Ascylti tunicam et liberatos querela iussit

pallium deponere, quod solum litem faciebat, et recuperato, ut putabamus, thesauro in

deversorium praecipites abimus, praeclusisque foribus ridere acumen non minus cocionum quam calumniantium coepimus, quod nobis (ingenti calliditate) pecuniam reddidissent. (...)

nihil aliud = Akkusativ zu dem mit *Apparebat* eingeleiteten AcI, *quaeri* = Infinitiv Präsens Passiv
criminis: Gen. obiectivus, abhängig von *metu*

Adiuvare zieht den Akkusativ nach sich.

quod ... postularemus: Kausalsatz, abhängig von dem Partizip *indignatus*; der Konjunktiv erklärt sich aus der inneren Abhängigkeit von *indignatus* und ist im Deutschen nicht zu berücksichtigen.
exhibendum: Ergänzen Sie *esse*; prädikatives Gerundiv

Liberatos zieht einen Ablativ nach sich.

quod ...: Relativsatz

recuperato thesauro: Abl. abs.

praeclusis foribus: Abl. abs.

cocionum und *calumniantium*: Genitivobjekte zu *acumen*

quod ... reddidissent: Kausalsatz
Der Konjunktiv erklärt sich aus der inneren Abhängigkeit und ist im Deutschen nicht zu berücksichtigen.

Übersetzung:
Hierauf unterdrückte Ascyltos gut das Lachen und nachdem Stille eingetreten war, sagte er (*wörtlich:* der, nachdem ..., sagte): „Wir sehen, dass jedem seine Sache am liebsten ist; sie sollen uns (also) unser Hemd zurückgeben und (*ergänzen Sie:* dafür) ihren Mantel bekommen." Auch wenn dem Bauern und seiner Frau der Tausch gefiel, forderten dennoch die Winkeladvokaten, die aus dem Mantel einen Gewinn machen wollten, dass beides bei

ihnen hinterlegt werde und sich ein Richter am folgenden Tag der Streitsache annehmen solle (*wörtlich:* die Streitsache betrachten solle). Denn nicht nur die Dinge, die Streit auszulösen schienen, würden untersucht, sondern etwas ganz anderes, (nämlich) dass auf beiden Seiten der Verdacht auf einen Diebstahl bestehe. (...) Es war offensichtlich, dass man nichts anderes wollte, als dass das einmal hinterlegte Gewand unter den Räubern aufgeteilt werde und dass wir aus Furcht vor einer Anklage nicht zum angesetzten Prozess erscheinen würden. (...) Der Zufall verhalf jeder der Parteien zu dem Gewünschten (*wörtlich:* Der Zufall unterstützte den Wunsch beider Parteien). Der Bauer warf nämlich, weil er empört war, dass wir die Herausgabe des Mantels forderten (*wörtlich:* dass wir forderten, dass der Mantel herausgegeben werden müsse), Ascyltos das Hemd ins Gesicht (*wörtlich:* das Hemd in das Gesicht des Ascyltos) und ordnete an, wir sollten, befreit von der (An-)Klage, den Mantel hinterlegen, der den einzigen Streitpunkt ausmachte. Da wir, wie wir glaubten, unseren Schatz wiedergewonnen hatten, liefen wir schleunigst in unsere Herberge und nachdem wir die Tür verriegelt hatten, begannen wir über den Scharfsinn der Makler nicht weniger zu lachen als über den unserer Ankläger, weil sie uns in ihrer gewaltigen Schlauheit das Geld zurückgegeben hatten.

Text 13: Das Vierkaiserjahr – Otho und Vitellius

a *placeret:* Irrealis der Gegenwart | Der Irrealis kommt häufig in Konditionalsätzen vor.

putes: Potentialis der Gegenwart | Eine weitere mögliche, wenn auch weniger wahrscheinliche Begründung wäre ein konjunktivischer Relativsatz mit konsekutivem Nebensinn.

aestimet: Optativ der Gegenwart oder Jussiv | Je nachdem, ob man hier eher einen Wunsch oder bereits einen Befehl annehmen möchte, handelt es sich um einen Optativ oder Jussiv.

tenuerint: Konzessiv der Vergangenheit | Der Konzessiv hat sich aus dem Optativ entwickelt: Etwas wird zwar nicht gewünscht, aber eingeräumt.

reliquerit: Potentialis der Gegenwart | Der Potentialis wird verwendet, wenn eine Aussage als nur möglich dargestellt werden soll. Der Potentialis der Gegenwart kann im Präsens **und** im Perfekt stehen.

patiar: Deliberativ | Da es sich um einen Fragesatz handelt, liegt ein Deliberativ vor.

moremur: Hortativ | Der Hortativ steht in der 1. Person Plural des Konjunktiv Präsens.

velit: Relativsatz mit konsekutivem Nebensinn | Nach einem unbestimmten Bezugswort im Hauptsatz (hier: eius) kann ein Relativsatz mit konsekutivem Nebensinn stehen. Der Konjunktiv muss im Deutschen nicht ausgedrückt werden.

fruetur: Futur I

> **!** -e ist bei Formen der konsonantischen Konjugation nicht Moduszeichen, sondern Tempuszeichen für Futur I.

b
- *animus* → Mut
- *temperare* (+ Dativ) → maßvoll/mit Maß ausnützen/gebrauchen
- *morari* → jemanden aufhalten (Da von *moremur* die beiden Akkusativformen *incolumitatem* und *constantiam* abhängen.)
- *extremus, -a, -um* → als Nominativform ist hier *extrema* (bzw. *res extremae*) zugrunde zu legen: die letzten Dinge, das Ende

c

- virtus (vgl. Z. 1)
- exercitus (Z. 9)
- animus (vgl. Z. 1)
- pubes (vgl. Z. 8)
- civile bellum (Z. 4)
- imperium tenere (vgl. Z. 7/8)
- principatus (vgl. Z. 4)
- certare armis (vgl. Z. 4/5)

d *qua* → Abl. Sg. f., bezogen auf *felicitati*; bedingt durch die Kasusrektion von *uti*, das mit Ablativ steht. Bei dem mit *qua* beginnenden Nebensatz handelt es sich um einen verschränkten Relativsatz. Er kann nicht wörtlich übersetzt werden.

Um den verschränkten Relativsatz zu übersetzen, ist es möglich, ein „von" einzufügen: „von dem du wohl nicht glaubst, dass du es länger …"

Eleganter im Deutschen wäre die Bildung einer Parenthese: „das du – wie du wohl glaubst – nicht länger …" oder die Spaltung in zwei Hauptsätze (hier ebenfalls mit Parenthese): „… Glück. Du wirst es – wie du wohl glaubst – nicht länger gebrauchen."

e *vitae meae:* Gen. obiectivus
Romanae pubis: Gen. partitivus

Der Gen. partitivus ist abhängig von *tantum*.

ignaviae est und *eius*: jeweils Gen. possessivus (Genitiv der Zugehörigkeit)

Der Gen. possessivus kann als Prädikatsnomen bei *esse* auch den Tätigkeitsbereich oder das Wesen einer Person/ Sache kennzeichnen. Übersetzung mit „Eigenschaft von", „Aufgabe von", „charakteristisch für", „Zeichen von".

f „(Hunc animum), (hanc virtutem vestram) ultra periculis obicere nimis grande (vitae meae) pretium puto.
Quanto plus spei ostenditis, si vivere placeret, tanto pulchrior mors erit.

putare = halten für

quanto + tanto: Abl. mensurae: um wie viel + um so viel/desto

spei: Gen. partitivus, abhängig von *plus*

Difficilius est temperare felicitati, qua te non putes diu usurum.

Ergänzen Sie *esse* zu *usurum* (AcI). Der Infinitiv Futur *usurum (esse)* drückt die Nachzeitigkeit aus.

(Civile bellum) a Vitellio coepit, et ut de principatu certaremus armis, initium illic fuit: ne plus quam semel certemus, penes me exemplum erit; hinc Othonem posteritas aestimet.

Der *ut*-Satz ist abhängig von *initium illic fuit*.

Penes steht mit Akkusativ.

| Fruetur Vitellius fratre, coniuge, liberis: mihi non ultione neque solaciis opus est. | *Frui* zieht den Ablativ nach sich.
alicui opus est aliqua re: jem. braucht etw. |

| Alii diutius imperium tenuerint, nemo tam fortiter reliquerit. | *diutius*: Komparativ von *diu*
fortiter: Adverb zu *fortis*
Die Konjunktive *tenuerint* und *reliquerit* müssen wiedergegeben werden. |

| An ego tantum (Romanae pubis), tot egregios exercitus sterni et rei publicae eripi patiar? | *An* ist mit „oder" zu übersetzen.
Von *patiar* ist ein AcI abhängig: *egregios exercitus* = Akkusativ, *sterni* + *eripi* = passive Infinitive |

| Nec diu moremur ego (incolumitatem vestram), vos (constantiam meam). | *moremur*: Hortativ; mit dem „wir" wird auf „ich" *(ego)* und „ihr" *(vos)* vorausverwiesen.
morari alqd: hier transitiv gebraucht |

| Plura de extremis loqui pars ignaviae est. | *plura*: Akk. Pl. n.
ignaviae est = Gen. possessivus |

| Praecipuum (destinationis meae) documentum habete, quod de nemine queror; | *habete*: Imperativ
queri (de): Deponens |

| nam incusare deos vel homines eius est, qui vivere velit." | *eius est*: Gen. possessivus, der bei *esse* das Wesen einer Person kennzeichnet. |

Übersetzung:

„Diesen (*ergänzen Sie*: euren) Mut, diese eure Tapferkeit den Gefahren (*ergänzen Sie*: noch) länger auszusetzen halte ich für einen allzu hohen Preis für mein Leben. Umso mehr Hoffnung ihr zeigt, wenn ich beschließen würde, zu leben, umso schöner wird der Tod sein. Es ist schwieriger, das Glück maßvoll zu gebrauchen, von dem man nicht annimmt, es lange zu genießen (*wörtlich*: dass man es lange genießen werde). Der Bürgerkrieg ging von Vitellius aus (*wörtlich*: begann mit Vitellius) und bei ihm (*wörtlich*: dort) lag der Anfang dazu, dass wir mit Waffen um die Vorherrschaft stritten: Ich werde ein Beispiel dafür geben (*wörtlich:* Bei mir wird ein Beispiel dafür sein), dass wir nicht mehr als einmal kämpfen; danach soll (möge) die Nachwelt Otho einschätzen. Vitellius wird sich seines Bruders, seiner Gattin und seiner Kinder erfreuen: Ich brauche weder Rache noch Trost (*eigentlich Plural:* Tröstungen). Andere mögen die Herrschaft länger innegehabt haben, niemand dürfte sie so tapfer aufgegeben haben. Oder soll ich dulden, dass ein so großer Teil der römischen Jugend, so viele herausragende Heere niedergestreckt und dem Staat entrissen werden? Lasst uns (einander) nicht lange aufhalten, ich (euch) bei der Rettung eures Lebens, ihr mich bei meinem standhaften Entschluss (*wörtlich:* Wir wollen nicht lange aufhalten: ich eure Rettung, ihr meinen Entschluss). Mehr über das Ende zu sprechen ist ein Zeichen von Feigheit. Habt als vorzüglichen Beweis für meine Entschlossenheit, dass ich über niemanden klage; denn die Götter oder Menschen zu beschuldigen ist Zeichen von jemandem, der leben will."

Text 14: Ein Komet am Himmel

a *Deligeretur* ist ein Konjunktiv Imperfekt. Dieser ist bedingt durch einen indirekten Fragesatz (abhängig von *anquirebant*).

> Indirekte Fragesätze stehen nach Verben des Fragens, Zweifelns und (Nicht-)Wissens. Ihr Modus ist der Konjunktiv.

b Ablativus absolutus (Vorzeitigkeit); *quasi:* Subjunktion „wie wenn, als ob", diese bedingt, dass der Ablativus absolutus mit Irrealis zu übersetzen ist: „Als ob Nero bereits vertrieben/abgesetzt (worden) wäre".

c Bei *habitu severo* handelt es sich um einen Abl. qualitatis.

> Der Abl. qualitatis bezeichnet, wie im vorliegenden Fall, eine Eigenschaft, die durch ein Substantiv mit einem Adjektiv verbunden zum Ausdruck gebracht wird.

Bei *casta et secreto domo* handelt es sich um einen Abl. originis.

> Man könnte *ortus/natus* ergänzen, um den Abl. originis stärker herauszuheben.

d Das Demonstrativpronomen *his* ist Abl. Pl. n., erklärbar als Ablativ des Grundes.

> *His* bezieht sich auf die Inhalte des Vordersatzes, also: „über diese Ereignisse"/ „über dies".

e *Erat* ist zu ergänzen in dem mit *cui* beginnenden Relativsatz (Z. 3) und ebenso zu *habitu severo* (Z. 4 / 5) und *casta et secreta domo* (Z. 5) sowie zu *unde paterna Plauto origo* (Z. 8).
Nach *adeptus* (Z. 6) ist *est* weggefallen.

> Die Wortverbindungen *habitu severo* und *casta et secreta domo* können auch als Apposition betrachtet werden, die Ergänzung von *erat* führt allerdings zu einer flüssigeren Übersetzung.

f *per* → (überall) in
concedere → weggehen, sich begeben

g Inter quae sidus cometes effulsit, de quo vulgi opinio est, tamquam mutationem regis portendat. Igitur, quasi iam depulso Nerone,

quisnam deligeretur, anquirebant.

| Der Konjunktiv *deligeretur* ist durch den durch *anquirebant* eingeleiteten indirekten Fragesatz begründet.

Omnium ore Rubellius Plautus celebrabatur, cui nobilitas per matrem ex (Iulia familia).

Ergänzen Sie *erat* im Relativsatz.
cui (in Verbindung mit *erat*): Dat. possessivus

Ipse placita maiorum colebat, (habitu severo), (casta et secreta domo),

Habitu severo und *casta et secreta domo* charakterisieren *ipse*.

quantoque metu occultior, tanto plus famae adeptus.

famae: Gen. partitivus, abhängig von *plus*
Ergänzen Sie *est* zu *adeptus*.

Auxit rumorem (pari vanitate) orta interpretatio fulguris.
Nam quia discumbentis Neronis ictae dapes mensaque disiecta erat, idque finibus Tiburtum acciderat, unde paterna Plauto origo,

pari vanitate: Abl. causae *zu orta*
discumbentis Neronis: Geben Sie das PC am besten wörtlich oder mit Relativsatz wieder.
Ergänzen Sie *erant* nach *ictae*.
Ergänzen Sie *erat* im durch *unde* eingeleiteten Satz.

hunc illum numine deum destinari credebant fovebantque multi.

Von *credebant* ist ein AcI abhängig mit *hunc illum* als Akkusativ und *destinari* als Infinitiv.

Ergo permotus his Nero componit ad Plautum litteras, consuleret quieti urbis seque prava diffamantibus subtraheret:

permotus ... Nero: PC
litterae: Im Plural lautet die Übersetzung „Brief".
consuleret: Es liegt eine Art Begehrsatz vor (zu ergänzen: „mit der Bitte").
diffamantibus: Dativobjekt zu *se substraheret*;

esse illi per Asiam (avitos agros), in quibus tuta et inturbida iuventa frueretur.

Ita illuc cum (coniuge et paucis) familiarium concessit. (…)

> **!**
> übersetzen Sie mit einem Relativsatz.
> *prava:* Akkusativobjekt zu *diffamantibus*
> *esse …:* Oratio obliqua
> *Frui* zieht den Ablativ nach sich.
> Beachten Sie, dass es sich hier bei *cum* um eine Präposition (+ Ablativ) handelt.
> *familiarium:* Gen. partitivus zu *paucis*

Übersetzung:
Währenddessen (*wörtlich:* Während dieser Ereignisse, *vgl. Vokabelangabe*) erstrahlte ein Komet, über den der Volksglaube sagt (*wörtlich:* über den die Meinung des Volkes besteht), er zeige gleichsam einen Wechsel des Herrschers an. Deshalb untersuchte man (*wörtlich:* untersuchten sie, *d. h. die Leute*), so als sei Nero schon abgesetzt, wer denn (nun) gewählt werde. Einstimmig wurde Rubellius Plautus gepriesen, der eine adelige Abstammung besaß, die sich von seiner Mutter aus der julischen Familie herleitete (*wörtlich:* dem eine adelige Abstammung durch seine Mutter aus der julischen Familie war). Er selbst hielt die Überzeugungen der Vorfahren hoch, war streng in seiner Gesinnung und führte ein sittenreines und zurückgezogenes Haus und je abgeschiedener er aus Furcht lebte, desto mehr sprach man von ihm (*wörtlich:* desto mehr Gerede erlangte er). Seinen Ruhm vermehrte er noch durch die ähnlich grundlos (*wörtlich:* aus gleicher Grundlosigkeit) entstandene Deutung eines Blitzes. Denn weil die Speisen Neros, der (gerade) bei Tisch lag, getroffen worden waren und der Tisch zerschmettert worden war und dies im Gebiet von Tibur geschehen war, woher Plautus väterlicherseits stammte (*wörtlich:* dem Plautus die väterliche Abstammung war), glaubte man (*wörtlich:* glaubten sie), dass dieser durch den Willen der Götter bestimmt werde, und viele wandten (*ergänzen Sie:* ihm) daher ihre Gunst zu. Nero war hierüber erregt und schrieb also einen Brief an Plautus, er solle für die Ruhe der Stadt sorgen und sich denen entziehen, die solche (*wörtlich:* die) verkehrten Gerüchte verbreiteten: Er (*wörtlich:* Jener) habe überall in Asien vom Großvater ererbte Güter, auf denen er seine Jugend sicher und ungestört genießen könne. So begab er sich mit seiner Gattin und wenigen vertrauten Freunden dorthin. (…)

Text 16: Wie wird man weise?

a

einleitendes Verb	Akkusativ	Infinitiv	Zeitverhältnis
intellegas (Z. 1)	te	esse	GZ
scito (Z. 6)	tantum … quantum	deesse	GZ
speras (Z. 7)	te	venturum esse	NZ

b *intellegas:* indirekter / abhängiger Fragesatz (Der nicht existierende Konj. Futur wird durch den Konj. Präsens ersetzt.)

Quemadmodum leitet den abhängigen Fragesatz ein.

consequantur: indirekter / abhängiger Fragesatz

Unde leitet den abhängigen Fragesatz ein.

c *circumfusa:* PPP im Nom. Sg. f. von *circumfundere*; im Wörterbuch: *circumfundo*

Verben sind im Wörterbuch (meist) in der 1. P. Sg. Präs. zu finden.

sanantibus: PPA im Abl. Pl. f. (Bezugswort *litteris*) von *sanare*; im Wörterbuch: *sano*

Verben sind im Wörterbuch (meist) in der 1. P. Sg. Präs. zu finden.

fallacia: Nom. Pl. n. von *fallax, fallacis*; im Wörterbuch: *fallax*

Adjektive sind im Nom. Sg. im Wörterbuch zu finden.

d

- plenus gaudio (Z. 1/2)
- hilaris (Z. 2)
- dolor (vgl. Z. 9)
- placidus (Z. 2)
- voluptas (vgl. Z. 9)
- inconcussus (Z. 2)
- laetitia (vgl. Z. 9)
- maestus (Z. 3)
- sollicitudo (vgl. Z. 8)
- spes (Z. 3)
- sperare (vgl. Z. 7)
- sollicitare (vgl. Z. 4)
- cupere (vgl. Z. 7)
- appetere (vgl. Z. 5)
- animi tenor (Z. 4)

e Docebo, quemadmodum intellegas te non esse sapientem.

Sapiens ille plenus est gaudio, hilaris et placidus, inconcussus; cum dis ex pari vivit. Nunc ipse te consule:

si numquam maestus es, si (nulla spes) (animum tuum) futuri exspectatione sollicitat, si per (dies noctesque) par et aequalis animi tenor (…) est, pervenisti ad (humani boni) summam; sed si appetis voluptates et undique et omnes, scito tantum tibi ex sapientia quantum ex gaudio deesse.

Ad hoc cupis pervenire, sed erras, qui inter divitias illuc venturum esse te speras, inter honores; id est gaudium inter sollicitudines quaeris: ista, quae sic petis tamquam datura (laetitiam ac voluptatem), causae dolorum sunt.
Omnes, inquam, illo tendunt ad gaudium, sed unde stabile magnumque consequantur ignorant: ille ex (conviviis et luxuria), ille ex (ambitione et circumfusa clientium turba), ille ex amica, alius ex studiorum liberalium (vana ostentatione) et nihil sanantibus litteris – omnes istos (oblectamenta fallacia et brevia) decipiunt.

!

Quemadmodum leitet einen abhängigen Fragesatz ein.
Intellegas leitet einen AcI ein: Der Akkusativ *te* wird zum Subjekt und der Infinitiv *esse* zum Prädikat.

Plenus zieht einen Ablativ nach sich.

cum: hier: Präposition + Abl.
dis = deis
consule: Imperativ Sg. von *consulere*; *consulere* + Akk.: um Rat fragen/befragen

par et aequalis: Hendiadyoin

Scito (= Imperativ II) leitet einen AcI ein: Die Akkusative *tantum* und *quantum* (beide n.) werden zu Subjekten und der Infinitiv *deesse* wird zum Prädikat.

Speras leitet einen AcI mit *te* als Akkusativ und *venturum esse* als Infinitiv ein.

laetitiam ac voluptatem: Akkusativobjekte zu *datura*

Ignorant leitet den mit *unde* beginnenden abhängigen Fragesatz ein.
magnum: Ergänzen Sie *gaudium*.

sanantibus litteris: PC
nihil: Akkusativobjekt zu *sanantibus*

Übersetzung:

Ich werde (*ergänzen Sie:* dich) belehren, wie du erkennst (*auch möglich:* erkennen kannst), dass du nicht weise bist. Jener Weise ist erfüllt (*wörtlich:* voll) von Freude, heiter und friedlich, unerschütterlich; er lebt den Göttern gleich (*wörtlich:* mit den Göttern auf gleicher Ebene). Nun befrage dich selbst: Wenn du niemals traurig bist, wenn keine Hoffnung deine Seele durch die Erwartung von Zukünftigem beunruhigt, wenn Tag und Nacht hindurch die Haltung deiner Seele völlig gleich (*wörtlich:* gleichartig und gleichmäßig) ist, bist du zum Gipfel menschlicher Vollkommenheit gelangt (*wörtlich:* zum höchsten menschlichen Gut); wenn du aber nach Vergnügungen strebst, und zwar überall und nach allen (*wörtlich:* sowohl... als auch...), so sollst du wissen (*alternativ:* so wisse), dass es dir ebenso viel an Weisheit wie an Freude fehlt. Dahin wünschst du zu gelangen, aber du irrst, der du hoffst, mitten im Reichtum dorthin zu kommen, mitten unter Ehrenämtern; das bedeutet, du suchst Freude mitten in Beunruhigungen. Die(se) Dinge, die du so erstrebst, als würden sie Freude und Lust bringen, sind (die) Ursachen von Schmerzen. Alle, sage ich, streben auf jenem Weg zur Freude, aber wo(her) sie eine dauerhafte und große (*ergänzen Sie:* Freude) erreichen können, wissen sie nicht: Der eine (*wörtlich:* Jener) aus (bei) Gelagen und (in) Verschwendung, ein anderer aus (im) Ehrgeiz und einer ihn umgebenden (*wörtlich:* herumgegossenen) Schar von Klienten; der eine aus (bei) seiner Geliebten (*wörtlich:* Freundin), der andere aus der (bei der) vergeblichen Zurschaustellung der freien Künste und aus (bei) der Wissenschaft, die nichts nützt – alle diese täuschen trügerische und kurzlebige (*wörtlich:* kurze) Genüsse (*gemeint:* Menschen).

Text 17: Herrsche maßvoll!

a

Formen			
imperandi (Z. 1)	☒ Gerundium	☐ prädikatives Gerundiv	☐ attributives Gerundiv
legendo (Z. 6)	☒ Gerundium	☐ prädikatives Gerundiv	☐ attributives Gerundiv
cogitandum (Z. 9)	☐ Gerundium	☒ prädikatives Gerundiv	☐ attributives Gerundiv

b discentibus → disco; discere: lernen   discentibus = PPA im Dat. Pl., Dat. bedingt durch *imperat*

  levissimis → levis, -e: unbedeutend   levissimis = Adjektiv im Superlativ, Abl. Pl., bezogen auf *causis*

  desertores → desertor, -oris: Ausreißer, Deserteur

c

- imperare (vgl. Z. 2)
- pater (Z. 2)
- docere (Z. 7)
- liberi (vgl. Z. 2)
- emendare (Z. 7)
- praeceptor (Z. 2)
- discipulus (vgl. Z. 5)
- discere (vgl. Z. 2)
- studia (vgl. Z. 5)
- compescere (vgl. Z. 4)

d

Positiv	Komparativ	Superlativ
adsiduis	minoribus	pessimus
liberalibus		levissimis
agilis		
liberis		
ingenuis		
honestis		

e In (magna imperia) ex minoribus petamus exemplum. Non unum est imperandi genus;

imperat princeps (civibus suis), pater liberis, praeceptor discentibus, tribunus vel centurio militibus.

Nonne (pessimus pater) videbitur, qui (adsiduis plagis) liberos etiam ex (levissimis causis) compescet?

Uter autem praeceptor (liberalibus studiis) dignior, qui excarnificabit discipulos, si memoria illis non constiterit aut si parum agilis in legendo oculus haeserit, an qui monitionibus et verecundia emendare ac docere malit? Tribunum centurionemque da saevum: desertores faciet, quibus tamen ignoscitur. (…)
Servis imperare moderate laus est.
Et in mancipio cogitandum est, non quantum illud impune possit pati, sed quantum tibi permittat aequi bonique natura,

imperandi: Gerundium im Genitiv, abhängig von *genus*

Imperare steht mit Dativ.
imperat: Prädikat für alle Subjekte: *princeps, pater, praeceptor, tribunus, centurio*

Nonne leitet eine Satzfrage ein, bei der die Antwort „ja" erwartet wird.
pessimus pater: Ergänzen Sie zuvor *iste*.

uter (hier ein Pronomen): Welcher von beiden?

Dignus steht mit Ablativ.
Ergänzen Sie *is* vor *qui*.

constiterit/haeserit: Futur II, da im HS Futur I
Ergänzen Sie *is* vor *qui*.

da: Imperativ Sg. von *dare*

moderate: Adverb

cogitandum est: prädikatives Gerundiv
Beziehen Sie *illud* auf *mancipium*.

possit/permittat: Konjunktiv aufgrund des indirekten Fragesatzes

quae parcere etiam captivis et pretio paratis iubet. Quanto iustius iubet hominibus liberis, ingenuis, honestis non ut mancipiis abuti, sed ut his, quos gradu antecedas quorumque tibi non servitus tradita sit, sed tutela.

Parcere steht mit Dativ.
quanto: Abl. mensurae bei Komparativen
Ut bedeutet hier „wie".
Abuti zieht den Ablativ nach sich.

Übersetzung:
Für große Herrschaftsverhältnisse wollen wir aus kleineren ein Beispiel holen (*wörtlich:* erstreben). Es gibt nicht eine einzige Art zu herrschen (*wörtlich:* Die Art zu herrschen ist nicht eine einzige); es herrscht der Princeps über seine Bürger, der Vater über seine Kinder, der Lehrer über die Schüler (*wörtlich:* Lernenden), der Tribun oder der Zenturio über die Soldaten. Wird nicht der Vater als der schlechteste erscheinen, der die Kinder mit ständigen Schlägen auch aus den geringfügigsten Anlässen bändigen wird? Welcher Lehrer (von beiden) ist aber der freien Studien würdiger, der, der seine Schüler quälen wird, wenn ihr Gedächtnis etwas nicht behalten hat (*wörtlich:* ihr Gedächtnis jenen nicht gehalten hat) oder wenn das zu wenig bewegliche Auge beim Lesen hängen geblieben ist, oder der, der lieber mit Ermahnungen und Achtung eine Besserung erzielen (*wörtlich:* verbessern) und unterrichten will? Nimm einen harten Tribunen und Zenturio an: Er wird Deserteure hervorbringen, denen man dennoch verzeiht (*wörtlich:* denen dennoch verziehen wird). (...) Über Sklaven maßvoll zu herrschen, ist etwas Rühmliches (*wörtlich:* ist Ruhm). Auch bei einem Sklaven muss man bedenken (*alternativ:* ist zu bedenken), nicht wie viel jener (*wörtlich:* er) ungestraft ertragen kann, sondern wie viel dir das Wesen des Gerechten und Guten gestattet, das befiehlt, auch die Gefangenen und die für Geld Gekauften (*wörtlich:* die um einen bestimmten Preis Erworbenen) zu schonen. Um wie vieles berechtigter (*wörtlich:* gerechter) befiehlt es (*gemeint:* das Wesen), freie Menschen, edle, ehrenhafte, nicht als Sklaven zu missbrauchen, sondern wie solche (*ergänzen Sie:* zu behandeln), die man (*wörtlich:* du) an Rang übertrifft, und nicht wie solche, deren Knechtschaft dir anvertraut (worden) ist, sondern deren Schutz.

Text 19: Schrittweise Erkenntnis des eigenen Wesens

a *ut:* wie
   simulatque: sobald

> **!** Ut mit Indikativ bedeutet „wie" (*ut* mit Konj. heißt dagegen „dass, damit").

b
- *ortus esset:* Prädikat des Nebensatzes, der von einem übergeordneten (Neben-)Satz im Konjunktiv abhängt, d. h., es handelt sich um Modusattraktion. (Damit liegt eine Form des sogenannten „obliquen Konjunktivs" vor.)

> Der oblique Konjunktiv steht in Nebensätzen, deren übergeordneter Satz einen Konjunktiv beinhaltet; der Konjunktiv im untergeordneten Satz muss nicht wiedergegeben werden. Man spricht dann von Modusattraktion.

- *cognosceret/posset:* Irrealis (der Gegenwart)

> Der Irrealis kommt häufig in Konditionalsätzen vor. Übersetzt wird er mit Konjunktiv II.

- *esset:* Prädikat des konjunktivischen Nebensatzes, der von einem übergeordneten konjunktivischen Nebensatz abhängt, d. h., es handelt sich um Modusattraktion bzw. es liegt eine Form des sogenannten „obliquen Konjunktivs" vor, gleichzeitig ein indirekter Fragesatz.

> s. o. (obliquer Konjunktiv)

- *possimus:* abhängiger Begehrsatz, eingeleitet mit *ut*

> Der vorliegende Begehrsatz ist abhängig von *tantum agit*.

- *simus/differamus:* indirekter Fragesatz

c *quisque:* Es handelt sich um ein Pronomen mit der Bedeutung „jeder".
   quidem: Es liegt ein Adverb mit der Bedeutung „wenigstens, zwar, freilich" vor.

d … *quid esset (hoc summum et ultimum) omnium rerum, quod quaerimus (…)*

> Die Wortstellung wurde zur Verdeutlichung der Bezüge umgestellt.

e Eine etwas freiere Übersetzung für *a primo* lautet „von Anfang an".

f Die Formen *perspici* und *cognosci* sind Infinitiv-Präsens-Passiv-Formen.

g Bei *Progredientibus ... aetatibus* liegt ein Ablativus absolutus vor; am besten ist der Plural jedoch mit Singular wiederzugeben: „mit/bei fortschreitendem Alter".

> Da es sich bei *progredientibus* um ein PPA handelt, liegt ein gleichzeitiges Zeitverhältnis zum Hauptsatz vor.

h Die treffendste Übersetzung für *(id) agit, ut* lautet: Er ist darauf aus, dass .../arbeitet darauf hin, dass ...
tantum: nur

i *quid:* worin
differre: sich unterscheiden

j *ea ... quae:* Sowohl *ea* als auch *quae* stehen im Akk. Pl. n.
Übersetzung: „das ... wozu"

> Bei *quae* ist der Akkusativ bedingt durch *ad*.

k Si, ut initio dixi, simulatque ortus esset, se

> Beachten Sie, dass *ut* hier mit Indikativ steht.
>
> *ortus esset:* Konjunktiv Perfekt → Modusattraktion

quisque cognosceret iudicareque posset, quae vis et totius esset naturae et partium singularum,

> *cognosceret + posset + videret:* Der Konjunktiv muss wiedergegeben werden. → Irrealis

continuo videret, quid esset hoc, quod quaerimus, (omnium rerum) summum et ultimum.

> *esset:* Der Konjunktiv ist bedingt durch den mit *quid* eingeleiteten abhängigen Fragesatz.

Nunc vero a primo quidem mirabiliter occulta natura est nec perspici nec cognosci potest. Progredientibus autem aetatibus sensim tardeve potius nosmet ipsos cognoscimus. Itaque (prima illa commendatio) incerta et obscura est,

> *perspici + cognosci:* Infinitive Passiv
>
> *progredientibus ... aetatibus:* Abl. abs. → Gleichzeitigkeit
> *-ve:* enklitisch: oder
> *nosmet:* verstärktes *nos*

primusque ille appetitus animi tantum agit, ut salvi atque integri esse possimus.

> Beachten Sie, dass *ut* hier mit Konjunktiv steht.

Lösungen: Cicero

Cum autem dispicere coepimus et sentire, quid simus et quid ab animantibus ceteris differamus, tum ea sequi incipimus, ad quae nati sumus.

(…) Quae similitudo in genere etiam humano apparet. Parvi enim (primo ortu) sic iacent, tamquam omnino sine animo sint. Cum autem paulum firmitatis accessit, et animo utuntur et sensibus conitunturque,

ut sese erigant, et manibus utuntur et eos agnoscunt, a quibus educantur. Deinde aequalibus delectantur libenterque se cum iis congregant (…).

!

Beachten Sie, dass *cum* hier mit Indikativ steht.

simus + *differamus*: Der Konjunktiv ist bedingt durch den indirekten Fragesatz.

Sequi steht mit Akkusativ.

Quae: relativ. Satzanschluss

ortu: Abl. temporis auf die Frage „Wann?"

Beachten Sie, dass *cum* hier mit Indikativ steht.

Uti steht mit Ablativ.

Beachten Sie, dass *ut* hier mit Konjunktiv steht.

Übersetzung:

Wenn jeder, wie ich am Anfang gesagt habe, sobald er geboren ist, sich erkennen würde und beurteilen könnte, welche Kraft sowohl der gesamten Natur als auch den einzelnen Teilen innewohne, würde er sofort sehen, was dieses höchste und letzte aller Dinge ist, wonach wir suchen. Nun aber ist die Natur von Anfang an freilich auf seltsame Weise verborgen und kann weder durchschaut noch erkannt werden. Mit fortschreitendem Alter aber erkennen wir uns selbst allmählich oder zögernd besser. Deshalb ist jene erste Empfehlung (*gemeint:* unserer eigenen Person) unbestimmt und dunkel und jenes erste Streben des Geistes hat nur das Ziel, dass wir wohlbehalten und unversehrt sein können. Wenn wir aber begonnen haben zu erkennen und zu spüren, was wir sind und worin wir uns von den übrigen Lebewesen unterscheiden, dann beginnen wir dem zu folgen, wozu wir geboren sind. Diese Ähnlichkeit zeigt sich auch beim menschlichen Geschlecht. Kleine (*ergänzen Sie:* Kinder) liegen nämlich unmittelbar bei der Geburt so da, als ob sie ganz ohne Seele seien. Wenn sie aber ein wenig kräftiger geworden sind (*wörtlich:* ein wenig Kraft dazugekommen ist), gebrauchen sie ihren Geist und ihre Sinne und bemühen sich, sich aufzurichten, benutzen ihre Hände und erkennen diejenigen, von denen sie erzogen werden. Dann freuen sie sich über Gleichaltrige und verbünden sich mit ihnen.

Text 20: Die Macht der Vernunft

a Der Infinitiv von *sit ... persuasum* lautet *persuadere*. Die Wendung *alicui persuasum est* (+ AcI) wird mit „jemand ist überzeugt, dass ..." übersetzt. Der Dativ *civibus* ist dementsprechend das gedankliche Subjekt zu *persuasum est*. Die Form steht im Konjunktiv, da es sich um einen Jussiv oder Optativ handelt.

> Der Konjunktiv muss im Deutschen ausgedrückt werden.

b *esse:* Subjektsinfinitiv
oportere: Infinitiv im AcI
inesse: Infinitiv im AcI

c Vor *non putet* muss der Infinitiv *inesse* gedanklich ergänzt werden.

d Die passende Wortbedeutung für *praestent* lautet „übertreffen".
Das Verb ist mit Dativ (hier: *iis*) verbunden.

> Worin man jemanden übertrifft, steht im **Ablativ**: *praestare alicui* **aliqua re**

e *omnia* und *quae:* Nom. Pl. n.
iis: Dat. Pl. n.
quae: Nom. Pl. n.
multa: Nom. Pl. n.

f *confitendum est:* prädikatives Gerundiv

> In Verbindung mit *esse* bezeichnet das Gerundiv eine Notwendigkeit. Bei unpersönlichem Gebrauch übersetzt man am besten mit „man muss".

g *Utilis esse ... quis neget,*
   quom intellegat,
      quam multa ... iure iurando,
      quantae saluti ... religiones,
      quam multos ... revocarit,
      quam sancta sit ... ipsos.

> Achten Sie bei einer Satzanalyse auf mögliche Subjunktionen bzw. einen Nebensatz einleitende Pronomina, um Nebensätze zu identifizieren.

h Bei *neget* steht der Konjunktiv, da es sich um einen Potentialis der Gegenwart handelt.

Zur Wiederholung des Potentialis lesen Sie sich den „Fokus" durch.

i Bei *saluti (sint)* liegt ein Dativ des Zwecks (Dativus finalis) vor.

Der Dat. finalis gibt auf die Frage „Wozu?" Zweck oder Wirkung einer Handlung an. Als Hilfsübersetzung bietet sich die Wendung „gereichen zu etw." an.

j *revocarit = revocaverit*, Konj. Perfekt Aktiv, bedingt durch den mit *quam multos* eingeleiteten indirekten Fragesatz.

Eine Besonderheit bei Cicero sind Kurzformen im Perfekt durch Ausfall von -vi- bzw. -ve-.

k • *religiones:* religiöser Charakter, religiöse Würde, freier: die Heiligkeit, die Unantastbarkeit
• *supplicium:* Strafe, Bestrafung

l Sit igitur hoc iam a principio persuasum civibus, dominos esse omnium rerum ac moderatores deos, eaque, quae gerantur, eorum geri iudicio ac numine, eosdemque optime de genere hominum mereri. (…)

Sit … persuasum leitet einen AcI ein: Die Akkusative *deos*, *ea* und *eosdem* werden zu Subjekten, die Infinitive *esse*, *geri* und *mereri* zu Prädikaten. *dominos* und *moderatores* = Prädikatsnomina zu *deos*

Der Dativ *civibus* ist das Subjekt zu *persuasum sit*.

His enim rebus (inbutae mentes) haud sane abhorrebunt ab utili aut a (vera sententia).

Quid est enim verius quam neminem esse oportere tam stulte adrogantem,

verius: Komparativ (im Neutrum) von *verus*, davon abhängig: *quam*

Nach *oportere* folgt ein AcI: *neminem* = Subjekt, *esse* = Prädikat

ut in se rationem et mentem putet inesse, in (caelo mundoque) non putet?

Beachten Sie, dass *ut* hier mit Konjunktiv steht.

Putet leitet einen AcI ein: *rationem et mentem* werden zu Subjekten, *inesse* wird zum Prädikat.

Aut ut ea, quae vix summa ingenii ratione comprehendantur,

(nulla ratione) moveri putet?

Quomque omnia, quae rationem habent, praestent iis, quae sint rationis expertia,

nefasque sit dicere ullam rem praestare naturae (omnium rerum),

rationem inesse in ea confitendum est.

Utilis esse autem has opiniones quis neget, quom intellegat, quam multa firmentur iure iurando,

> ❗
>
> Beachten Sie, dass *ut* hier mit Konjunktiv steht.
>
> *quae:* Relativsatz mit Konjunktiv (Modusattraktion)
>
> *nulla ratione:* Abl. modi auf die Frage „Wie?"
>
> *Putet* leitet einen AcI ein: Der Akkusativ *ea* wird zum Subjekt, der Infinitiv *moveri* zum Prädikat.
>
> *Praestare* steht mit Dativ.
>
> *Expertia* (Nom. Sg.: *expers*) zieht einen Genitiv nach sich.
>
> *Dicere* leitet einen AcI ein: Der Akkusativ *ullam rem* wird zum Subjekt, der Infinitiv *praestare* zum Prädikat.
>
> *naturae:* Dativobjekt zu *praestare*
>
> *confitendum est:* prädikatives Gerundiv; leitet einen AcI ein: Der Akkusativ *rationem* wird zum Subjekt, der Infinitiv *inesse* zum Prädikat.
>
> *utilis = utiles:* Akk. Pl. der 3. Deklination auf *-is* statt *-es* wird häufig von Cicero verwendet.
>
> *quom = cum;* trotz des Konjunktivs mit „wenn" zu übersetzen
>
> *neget:* Potentialis; leitet einen AcI ein mit dem Akkusativ *has opiniones*, der zum Subjekt wird, und dem Infinitiv *(utilis) esse*, der zum Prädikat wird.
>
> *firmentur:* Konjunktiv aufgrund von Modusattraktion (zusätzlich liegt ein indirekter Fragesatz vor)

quantae saluti sint foederum religiones, quam multos divini supplicii metus a scelere revocarit, quamque sancta sit societas civium inter ipsos?

quantae saluti: Dat. finalis
divini supplicii: Gen. obiectivus, abhängig von *metus*
revocarit = revocaverit

Übersetzung:
Die Bürger sollen (*alternativ:* mögen) also schon von Anfang an davon überzeugt sein, dass die Götter die Herren und Lenker aller Dinge sind und dass das, was geschieht, nach deren Plan/Entscheidung und deren Willen geschieht und dass sie sich ebenso um das Menschengeschlecht bestens verdient machen. Ein Geist nämlich, der damit ausgestattet ist, wird einer nützlichen oder wirklichkeitsgetreuen Ansicht nicht fern sein. Was ist nämlich richtiger, als dass niemand in so törichter Weise anmaßend sein darf, dass er glaubt, in ihm seien Vernunft und Geist, im Himmel und der Welt aber nicht? Oder dass er glaubt, dass sich das, was sich mit höchster Geisteskraft kaum begreifen lässt, ohne jegliche Vernunft bewege (*wörtlich:* bewegt werde)? (Und) weil (aber) alles, was Vernunft besitzt, das übertrifft, was ohne Vernunft ist, und es ein Unrecht ist zu behaupten, dass irgendeine Sache der Natur aller Dinge überlegen sei, so muss man gestehen, dass in ihr (*gemeint:* der Natur) Vernunft ist. Wer aber dürfte bestreiten, dass diese Ansichten nützlich sind, wenn er einsieht, wie vieles durch einen Schwur bekräftigt wird, wie segensreich die heiligen Verpflichtungen von Verträgen sind (*wörtlich:* zu welch großem Segen/Heil ... gereichen), wie viele die Angst vor göttlicher Strafe von einem Verbrechen abgehalten hat und wie heilig die Gemeinschaft der Bürger untereinander ist?

Text 22: Catos Rede vor dem Senat

a Bei *dicundi* (= *dicendi*) liegt ein Gerundium im Genitiv vor.

> Bei Sallust findet man häufig Archaismen in der Lautlehre, z. B. *-u* statt *-e*.

b *rogatus sententiam:* Im Wörterbuch findet sich der Ausdruck *alqm sententiam rogare*: „jemanden amtlich/im Senat befragen; jemanden um sein Votum bitten"
(*rogatus* = PPP im Nom. Sg. m.)

> Im Wörterbuch muss unter *rogo* bzw. *rogare* nachgeschlagen werden. Darunter findet man auch die Wendung *sententiam rogare*.

c Das *cum* in Z. 3 zieht mit *considero* (Z. 4) ein Verb im Indikativ nach sich. Es kann daher und aufgrund des Kontextes mit „wenn" übersetzt werden.

d Die reguläre Form von *paravere* lautet *paraverunt*.

> Bei Sallust findet sich des Öfteren die Verwendung der Endung *-ere* statt *-erunt* für die 3. P. Pl. des Perfekts.

e Bei *statuamus* liegt eine Form im Konjunktiv Präsens vor, der durch den mit *quid* (Z. 6) eingeleiteten abhängigen Fragesatz bedingt ist. In diesem Fall handelt es sich um eine abhängige Überlegungsfrage („überlegen, was wir beschließen sollen").

f *inmortalis* = *inmortales*
 mortalis = *mortales*

> Bei Sallust steht sehr häufig die lange Endung *-is* für den Akk. Pl. der 3. Deklination.

 vostris = *vestris*
 voltis = *vultis*
 advorsos = *adversos*

> Zu den sprachlichen Besonderheiten bei Sallust zählen Archaismen in der Lautlehre: z. B. Verwendung von *-o* statt *-e* oder *-u*.

g • *pluris ... fecistis: pluris* als Genitivus pretii = höher; *facere* mit Genitivus pretii = schätzen → *pluris facere* = höher (ein)schätzen

> Der Genitivus pretii bezeichnet den Wert einer Person/Sache, z. B. nach Verben des Einschätzens.

- *parvi pendebatis: parvi* als Genitivus pretii = gering; *pendere* = schätzen, achten
  → *parvi pendere* = gering achten

h Bei *expergiscimini* handelt es sich um einen Imperativ Plural.

Der Infinitiv zu *expergiscimini* lautet *expergisci*. Es handelt sich um ein Deponens.

i
- Die Phrase *agitur de* (Z. 10) bedeutet „es geht um / es handelt sich um".
- Die Wendung *in dubio est* (Z. 11) lässt sich übersetzen mit „etw. ist gefährdet" oder „etw. steht auf dem Spiel".

Im Wörterbuch finden sich diese Wendung unter *ago* bzw. *agere* und unter *dubium*.

j Die passende Bedeutung von *ordo* lautet „Stand".

Diese Übersetzung ergibt sich daraus, dass Cato vor dem Senat spricht.

k ⎡Postquam⎤ Caesar dicundi finem fecit,

Postquam steht im Lateinischen mit Perfekt, im Deutschen muss die Vorzeitigkeit ausgedrückt werden, ggf. also Plusquamperfekt gewählt werden.

dicundi = *dicendi*: Gerundium, abhängig von *finem*

ceteri verbo varie adsentiebantur.

*ads*entiebantur = *ass*entiebantur: Die fehlende Assimilation zählt auch als ein für Sallust charakteristischer Archaismus.

At M. Porcius Cato rogatus sententiam (huiusce modi) orationem habuit:

Beziehen Sie *sententiam* in den Partizipialausdruck *M. Porcius Cato rogatus* mit ein.

„Longe alia mihi mens est, patres conscripti, cum res atque pericula nostra considero et cum sententias nonnullorum ipse mecum reputo. Illi mihi disseruisse videntur de poena

eorum, qui (patriae, parentibus, aris atque focis suis) bellum paravere;

res autem monet cavere ab illis magis quam, quid in illos statuamus, consultare.
Per (deos inmortalis), vos ego appello, qui semper domos, villas, signa, tabulas vostras pluris quam rem publicam fecistis:
si ista, quae amplexamini, retinere, si (voluptatibus vostris) otium praebere voltis,

expergiscimini aliquando et capessite rem publicam!
Non agitur de vectigalibus neque de sociorum iniuriis: libertas et anima nostra in dubio est. Saepenumero, patres conscripti, (multa verba) in (hoc ordine) feci, saepe de (luxuria atque avaritia) (nostrorum civium) questus sum multosque mortalis ea causa advorsos habeo. Sed ea tametsi vos parvi pendebatis, tamen (res publica) firma erat: opulentia neglegentiam tolerabat.

Nunc vero non id agitur, bonisne an malis moribus vivamus, neque quantum aut quam (magnificum imperium) (populi Romani) sit."

!

Beachten Sie, dass *cum* hier mit Indikativ steht.

Videri leitet einen NcI ein.
disseruisse: Infinitiv Perfekt → Vorzeitigkeit

Parare hat hier mehrere Dativobjekte bei sich (*patriae, parentibus, aris, focis suis*).

magis: Komparativ
Consultare leitet einen abhängigen Fragesatz mit *quid* ein.

pluris: Komparativ zu *plus*

amplexari = Deponens
Die Infinitive *retinere* und *praebere* sind von *voltis* (= *vultis*) abhängig.

expergiscimini + *capessite*: Imperative im Plural

sociorum: Gen. obiectivus

questus sum: Deponens, Infinitiv = *queri*
mortalis = *mortales*: steht hier für *homines*
ea causa = *ea de causa*
advorsos = *adversos*

bonis + *malis*: Bezugswort ist beide Male *moribus*.
Bei *ne ... an* liegt eine Doppelfrage vor, die zwei Möglichkeiten zur Wahl stellt.

Übersetzung:
Nachdem Cäsar seiner Rede ein Ende gemacht hatte, stimmten die Übrigen seiner Rede (*wörtlich:* seinem Wort) in unterschiedlicher Weise zu. M. Porcius Cato aber hielt, als er um sein Votum gebeten worden war, eine Rede folgenden Inhalts (*wörtlich:* folgender Art):
„Ich habe eine ganz andere Meinung, ihr Väter (Senatoren), wenn ich die Sachlage und die Gefahren für uns betrachte und die Meinungen einiger selbst bei mir überdenke. Jene scheinen mir die Bestrafung derer erörtert zu haben, die gegen das Vaterland, ihre Eltern, Altäre und den eigenen Herd zum Krieg gerüstet haben; die Sachlage fordert aber dazu auf, uns mehr vor jenen zu hüten, als zu beraten, was wir gegen jene beschließen sollen. Bei den unsterblichen Göttern, euch spreche ich an, die ihr immer eure Häuser, eure Villen, eure Statuen und Gemälde höher als den Staat geschätzt habt. Wenn ihr das, was ihr so hoch schätzt, bewahren, wenn ihr euch freie Zeit für eure Vergnügungen verschaffen wollt (*wörtlich:* euren Vergnügungen Ruhe gewähren wollt), (so) erwacht endlich und betätigt euch politisch! Es geht nicht um die Steuern und auch nicht um das Unrecht an Bundesgenossen: Unsere Freiheit und unser Leben stehen auf dem Spiel. Oftmals, Ihr Senatoren, habe ich viele Worte vor diesem Stand gesprochen; oft habe ich über Verschwendungssucht und Habgier unserer Mitbürger geklagt und habe aus diesem Grund viele Menschen (*wörtlich:* Sterbliche) gegen mich. Doch auch wenn ihr dies gering geachtet habt, war der Staat dennoch sicher: Seine Macht ertrug eure Gleichgültigkeit. Nun aber geht es nicht darum, ob wir nach guten oder schlechten Sitten leben, auch nicht darum wie umfangreich oder wie prächtig die Herrschaft des römischen Volkes ist."

Text 23: Jugurtha und Bocchus gegen Rom

a *Utilis* (= *utiles*) ist auf *locos munitos* (Z. 1) zu beziehen.

> ❗ Die lange Endung *-is* steht für den Akk. Pl. der 3. Deklination.

b In dem mit *quam primum* beginnenden Satz beginnt eine Oratio obliqua. Es handelt sich bei dem betreffenden Teilsatz um einen Aufforderungssatz, auszudrücken mit „solle"/„sollten".

> In der Oratio obliqua stehen Hauptsätze, die einen Befehl enthalten, im Konjunktiv. Zur Wiederholung der Oratio obliqua bietet sich der „Fokus" von Text 18 (Cicero) an.

c Die Form *proeli* ist eine Kurzform von *proelii* (Gen. Sg. von *proelium*).
Bei *proeli faciendi* liegt ein attributives Gerundiv vor, das am besten mit einem Infinitiv übersetzt wird.

> Der verkürzte Gen. Sg. der o-Deklination (*proeli*) findet sich häufig bei Sallust.
> Es handelt sich um ein attributives Gerundiv, da Übereinstimmung in KNG besteht.

d In Z. 4 bedeutet *ubi* „sobald (als)". Es handelt sich hierbei um eine temporale Subjunktion.

> Die Subjunktion *ubi* steht mit Indikativ Perfekt.

e Es handelt sich bei *integris suis finibus* um einen nominalen Ablativus absolutus, d. h., es steht hier ein Adjektiv anstelle eines Partizips.

> Solche „nominalen Wendungen" sind in Relation zur Handlung des übrigen Satzes immer gleichzeitig. Am besten werden sie mittels eines Präpositionalausdruckes übersetzt.

f Die Verbform *foret* ersetzt *esset*.

g
- Ein Ablativus absolutus liegt bei *exercitu coniuncto* (Z. 7) vor.

> Beachten Sie, dass es sich bei *coniuncto* um eine PPP-Form handelt. → VZ

- Bei *proficiscentem* (Z. 7) liegt ein Participium coniunctum vor.

> Beachten Sie, dass es sich bei *proficiscentem* um eine PPA-Form handelt. → GZ

h *Rati* ist die PPP-Form zum Deponens *reri* (= glauben, meinen). Sie wird aktivisch und präsentisch als „glaubend", „meinend" übersetzt; freier: „im Glauben/in der Meinung".

> Häufig werden PPP-Formen von Deponentien präsentisch übersetzt.

i *Fore* (Z. 8) entspricht in diesem Fall (aus Gründen der KNG-Kongruenz) *futuram esse*.

> Das Bezugswort dazu lautet *noctem* (Z. 8); *nox* = f.

j Die Präposition *ex* bedeutet hier „von".

> Die Bedeutung erschließt sich aus der deutschen Übersetzung von *cognoscere* (= erfahren).

k Bei *instrui* (Z. 10) handelt es sich um einen Infinitiv Präsens Passiv.
Die Infinitive *colligere* (Z. 10) und *accipere* (Z. 11) stehen im Präsens Aktiv.
Alle Infinitive hängen von *quivit* ab.

> Der Infinitiv Präsens Aktiv lautet *instruere*.

l • Bei *improviso metu* handelt es sich um einen Ablativus causae.

> Es handelt sich hierbei um einen pleonastischen Ausdruck.

• Bei *virtutis* liegt ein Genitiv, abhängig von *memor(es)*, vor.

> Der Genitiv steht bei den Adjektiven der Bedeutungsfelder „begierig, kundig, eingedenk, teilhaftig, mächtig, voll" (wie *peritus, memor, plenus*) und deren Gegenteil.

m Die Form *capientis* entspricht *capientes* und bezieht sich auf *alios* (Z. 13).

> Die lange Endung *-is* steht für den Akk. Pl. der 3. Deklination.

n At Iugurtha, postquam oppidum Capsam

> *Postquam* steht in der Regel im Lateinischen mit Perfekt. Hier liegt die (seltene) Verbindung mit Plusquamperfekt vor.

aliosque locos munitos et sibi utilis simul et (magnam pecuniam) amiserat, ad Bocchum nuntios mittit:

> Die lange Endung *-is* steht für den Akk. Pl. der 3. Deklination → *utilis* = *utiles*.
> *Utilis* hat den Dativ bei sich.

quam primum in Numidiam copias adduceret;

(proeli faciendi) tempus adesse.

Quem ubi cunctari accepit, ipsi Mauro pollicetur Numidiae (partem tertiam), si aut

Romani Africa expulsi aut integris suis finibus bellum compositum foret.

(Eo praemio) illectus Bocchus cum (magna multitudine) Iugurtham accedit.
Ita amborum exercitu coniuncto
Marium iam in hiberna proficiscentem invadunt,

rati noctem, quae iam aderat, sibi munimento fore.

!

Beginn der Oratio obliqua, die in der Regel im Deutschen im Konjunktiv wiedergegeben wird.

Hauptsätze, die eine Aussage enthalten, stehen in der Oratio obliqua im AcI.

proeli faciendi: Gerundivwendung, abhängig von *tempus*

Mit *tempus adesse* endet die *Oratio obliqua*.

Quem: relativer Satzanschluss

ubi: Subjunktion, die einen Nebensatz einleitet

Mit *accepit* wird ein AcI eingeleitet: Der Akkusativ *quem* wird zum Subjekt, der Infinitiv *cunctari* zum Prädikat.

Africa: Abl. separativus, abhängig von *expulsi*

integris suis finibus: nominaler Abl. abs. bestehend aus Adjektiv + Substantiv, GZ

illectus Bocchus: PC; beziehen Sie *eo praemio* mit ein.

exercitu coniuncto: Abl. abs.

exercitu: Übersetzen Sie hier im Plural. (die Heere beider)

Marium ... proficiscentem: PC

rati: PPP zu *reri*, bezieht sich auf das Subjekt des Satzes; leitet einen AcI ein: *noctem* wird zum Subjekt, der Infinitiv *fore* wird zum Prädikat.

munimento: Dat. finalis, verbunden mit *esse* (hier: *fore*)

Igitur simul consul ex multis de hostium adventu cognovit et ipsi hostes aderant.

Prius quam exercitus aut instrui aut sarcinas colligere, denique ante quam signum aut imperium

ullum accipere quivit, equites Mauri atque Gaetuli catervatim in nostros incurrunt.

Qui omnes trepidi (improviso metu) ac tamen

virtutis memores aut arma capiebant aut capientis alios ab hostibus defensabant.

cognoscere ex aliquo de aliqua re: von jemandem über/von etw. erfahren

Prius quam ersetzt das häufigere *priusquam*.

Ante quam ersetzt das häufigere *antequam*.

instrui, colligere, accipere: von *quivit* abhängige Infinitive

improviso metu: Abl. causae, abhängig von *trepidi*

Memor zieht den Genitiv nach sich.

capientis = capientes

Übersetzung:

Aber nachdem Jugurtha die Stadt Capsa und andere befestigte und ihm nützliche Orte (und) zugleich auch viel Geld verloren hatte, schickte *(hist. Präsens)* er Gesandte zu Bocchus: Er solle sobald wie möglich Truppen nach Numidien führen *(wörtlich:* heranführen), die Zeit, ein Gefecht zu liefern, sei (nämlich) da. Sobald er erfuhr, dass dieser zögerte, versprach *(hist. Präsens)* er dem Mauren selbst ein Drittel von Numidien, wenn entweder die Römer aus Afrika vertrieben oder der Krieg ohne eigenen Gebietsverlust *(wörtlich:* während/wobei die Gebiete unberührt/ungeschmälert blieben) beendet sei. Durch eine solche *(wörtlich:* diese) Belohnung verlockt, stieß Bocchus mit einer großen Schar zu Jugurtha. So griffen sie *(hist. Präsens),* nachdem ihrer beider Heere vereinigt waren, Marius an, der (gerade) ins Winterlager aufbrach, in der Meinung, die Nacht, die schon angebrochen *(wörtlich:* da) war, werde ihnen Schutz bieten. Also erfuhr der Konsul gleichzeitig von vielen von der Ankunft der Feinde und waren die Feinde selbst (schon) zur Stelle *(wörtlich:* selbst da). Bevor entweder das Heer aufgestellt oder er das Gepäck zusammenpacken konnte, schließlich bevor er irgendein Signal oder einen Befehl empfangen konnte, stürmten die Mauren und die Gätuler in Scharen auf die Unsrigen ein. Diese alle griffen – panisch vor (in) unvermuteter Angst und dennoch ihrer Tapferkeit eingedenk *(d.h.:* in Erinnerung an ihre Tapferkeit) – entweder zu den Waffen oder verteidigten andere, die nach ihnen griffen, vor den Feinden.

Der Weg zur besseren Note

Dieser Button zeigt bei jeder Produktreihe an, auf welcher Lernphase der Schwerpunkt liegt.

Abiturprüfung

Anhand von Original-Aufgaben die Prüfungssituation trainieren. Schülergerechte Lösungen helfen bei der Leistungskontrolle.

Abitur-Training

Prüfungsrelevantes Wissen schülergerecht präsentiert. Übungsaufgaben mit Lösungen sichern den Lernerfolg.

Klausuren

Durch gezieltes Klausurentraining die Grundlagen schaffen für eine gute Abinote.

Kompakt-Wissen

Kompakte Darstellung des prüfungsrelevanten Wissens zum schnellen Nachschlagen und Wiederholen.

Interpretationen

Perfekte Hilfe beim Verständnis literarischer Werke.

Und vieles mehr auf www.stark-verlag.de

STARK

Abi in der Tasche – und dann?

In den **STARK** Ratgebern findest du alle Informationen für einen erfolgreichen Start in die berufliche Zukunft.

Alle Titel zu Beruf & Karriere
www.berufundkarriere.de

www.stark-verlag.de

STARK